Die ewigen Geheimnisse des Glücks

Die ewigen Geheimnisse des Glücks

**Glück. Liebe. Wohlbefinden.
Leben und zwischenmenschliche Beziehungen.**

Bernhard Führer

Copyright © 2025 Bernhard Führer
1. Auflage

Alle Rechte vorbehalten. Insbesondere das Recht der Vervielfältigung und Verbreitung sowie der Übersetzung. Kein Teil des Werkes darf in irgendeiner Form (durch Fotokopie, Mikrofilm oder ein anderes Verfahren) ohne schriftliche Genehmigung des Verfassers reproduziert oder unter Verwendung elektronischer Systeme gespeichert, vervielfältigt oder verarbeitet werden.

Die im Buch veröffentlichten Ratschläge, Aussagen und Anmerkungen wurden vom Verfasser sorgfältig erarbeitet und geprüft. Eine Garantie kann dennoch nicht übernommen werden. Ebenso ist die Haftung des Verfassers beziehungsweise des Verlages und seiner Beauftragten für Personen-, Sach- und Vermögensschäden ausgeschlossen.

Vertreten durch: Dr. Peter Josef
Gestaltung: Romil Bhagat, BSc
Lektorat: Mag. Otto Wögenstein, Bernhard Mathias
Verlag: edition eco
Für Fragen und Anregungen: office@strategy-plan.at
Printed in Germany
ISBN: 979-8-89587-668-8

Druck: Libri Plureos GmbH, Friedensallee 273, 22763 Hamburg

Dank

Einen gebührenden Dank möchte ich all jenen aussprechen, die mich während des Schreibens an diesem Buch und auch abseits davon unterstützt haben. Ich stand einen bedeutenden Teil meines Lebens in der Schuld anderer Menschen. Durch verschiedene Berufe und Tätigkeitsbereiche war mir dieses Gefühl leider häufig vertraut, zu Bett zu gehen und am nächsten Tag früh morgens wieder aufzuwachen, in der Schuld anderer Menschen zu stehen und das, ohne zu wissen, wie es weitergeht. Aber nichts gab mir solch einen Antrieb und ein so starkes Gefühl, jemandem etwas zu schulden, wie das laufende Schreiben an diesem vorliegenden Buch.
Besonderer Dank ergeht an Peter Josef, ohne den dieses Buch erst gar nicht möglich gewesen wäre. Ein großes Dankeschön gilt natürlich auch meiner Familie, Bekannten, Freunden, Kollegen und Verwandten, die im Zuge dieses Buches tragende Säulen für mich gewesen sind und die eine oder andere wertvolle Anregung geliefert haben, mich dabei aktiv unterstützten und dazu konstruktive Denkanstöße eingebracht haben.
Vielen Dank meinen beruflichen Kollegen, welche mir wichtige Inputs lieferten und wertvolle Denkanstöße für mich parat hielten. Diese sind es auch, ohne die dieses Buch nie zustande gekommen wäre. Ich durfte Freunde, Verwandte und Kollegen immer wieder ein Stück auf Ihren Wegen begleiten und konnte beobachten, wie diese den ihrigen Traum leben und Verbesserungen in ihrem

Leben erzielten. Meine Leser und Mitmenschen sind es, die ihren Anteil an der Gesellschaft haben und die letztendlich uns alle ein Stückchen weiter voranbringen. Schließlich sind wir alle auf die eine oder andere Weise miteinander verbunden, ob wir das nun wollen oder nicht. Danke auch an meinen Nachbarn Josef Löw, durch welchen ich im Laufe der Jahre, mit Hilfe seines weltoffenen und aufgeschlossenen Gemüts für das Leben und die Welt, über unser beschauliches Dorf weit hinausblicken und viel Neues lernen konnte. Geprägt hat mich vor allem Otto Wögenstein, welcher sich der Bildung junger Erwachsener widmete und dem immer etwas daran lag, Wissen mit anstatt ohne „*Gebrauchsanweisung*" zu vermitteln. Dank ergeht ebenso an Christine Zimmermann. Sie leitet eine der größten sozialen Einrichtungen in meiner Region und kümmert sich so um die ärmsten der Armen, ausgestoßene, verlorene und vergessene Menschen und solche, von denen unsere Gesellschaft erst gar nichts weiß. Sie lebt Opferbereitschaft, Einfachheit, Hingabe und sich nie für etwas Besseres als andere Menschen zu halten. Zu schätzen weiß ich ebenso meine Ausbildungskollegen Christian Waldner, Jennifer Kocheim, Christian Ortner, Jennifer Bauer, Josef Donà, Petra Galantini, Simon Leitner, Robert und Sophie Vizthum und Benjamin Reckla. Durch sie lernte ich nicht nur den Wert der Bildung, sondern auch die Weisheit des Humors, um besser durch das Leben zu gelangen. Dankbar bin ich auch für meinen Freund Bernhard Mathias, der mich seelisch und mental unterstützte und dessen sonniges, bescheidenes und gleichzeitig scharfsinniges Gemüt ich besonders schätze. Stephan Frank danke ich für seine aufmunternden Worte und seinen guten Zuspruch und Michael Schertler, dass ich immer auf ihn zählen kann und von dessen praktischen Tun ich stets fasziniert bin. Dankbar bin ich auch für meine Jugend- und Kindergartenfreunde Nikolaus Gindl, Daniel Opat, Matthias Schneider, Markus Haindl und Thomas Walouschek. Zu schätzen weiß ich auch meine Kollegen und Freunde Helena Ziolkowski, Karl Beisser, Gottfried Berger, Roman Brenner, Christoph Dimmel, Sabine und Christian Dürnwöber, Onkel Franz, Gerald Haindl, Josef und Maria Heeger, Thomas und Martina Horatschek, Josef und Otto Jaus, Mario Opat, Martin Pollhammer, Roland und Franz Mayer, Wolfgang Meister, Hildegard Nittmann, Karl Mittermayer, Michael Edlinger, Clemens Hickel, Karl Gschwindl, Martin Mathias, Josef Mathias, Gerhard Schuller, Johannes Schwarzmayer, Vanessa Kurtz, Sandra Manzinger, Viktoria Grundschober, Gerhard und Manuel Wernhart, Ronald Wernhart, Werner Knie, Manuela Bernard, Thomas Seitner, Karl und Cornelia Frühwirth, Wolfgang Hirschbüchler, Johann Ammerer, Christian Mayer und Philipp Schmid. Danken möchte ich auch meiner Schwester für die Durchsicht und Hinweise auf die Struktur und den Inhalt des Buches. Dank ergeht ebenso an meine Mentoren, welchen ich zur Seite stehen durfte und die Einblicke, welche sie mir gewähren ließen. Dabei war ich immer verwundert, welche unterschiedlichen Zugänge Menschen zu ein und demselben Thema haben können. Diese unterschiedlichen

Perspektiven sind es, die dieses Buch zu dem machen, was es ist.

Einer meiner Professoren rief mir immer ins Gedächtnis: *„Man muss die Dinge aus mehreren Perspektiven sehen. So wie du sie siehst, so wie ich sie sehe und so wie wir beide sie nicht sehen."* Nicht zuletzt deshalb erfolgte eine Herangehensweise aus mehreren Perspektiven. Ich hoffe, ich konnte diese *„Perspektive"* in den folgenden Sachverhalten einfließen lassen.

Bernhard Führer

Lebensfreude neu entdecken 1

Basis für wahres Glück und Erfolg 4

Das Geheimnis geistig stark zu werden 9

Negative Gedankengänge hinter sich lassen, um mentale Stärke zu erreichen 16

Befriedigung des Geistes 21

Trotz alledem Ja zum Leben sagen 26

Ein (kurzfristiges) glückliches Leben leben 33

Entspannt glückliches Leben und von jedem lernen 39

Seien Sie Sie selbst und leben Sie Ihr Leben – nicht das Leben der anderen 45

Erfolg(-reich), Ruhm und Ehre 53

Entspannter, gelassener und unbekümmerter leben – der Schlüssel zum Glück 60

Wege um (un-)glücklich zu werden 65

Leben um nichts zu bereuen 73

Prinzip des Glücks 82

Zusammenfassend 86

Lebensfreude neu entdecken

Glück ist Liebe, nichts anderes. Wer lieben kann, ist glücklich.

– Hermann Hesse

In einer Welt, die Optimismus zur Herausforderung macht, kommen Glücksforscher mit motivierenden Einsichten daher: Glück wird nur zu 10% durch äußere Faktoren bestimmt und zu 50% durch Gene – die großartige Nachricht lautet aber, dass wir die verbleibenden 40% aktiv gestalten können. Wie das geht, zeigen neue Erkenntnisse.

Glück ist kein flüchtiger Vogel, sondern eher wie ein Seepferdchen: Der sogenannte Hippocampus, die Schaltzentrale für Emotionen im Gehirn, arbeitet dabei eng mit dem präfrontalen Kortex zusammen. Diese Hirnregionen reagieren auf die Ausschüttung von Glückshormonen und dämpfen negative Emotionen wie Angst und Stress. So kann eine düstere Stimmung in positive Bahnen gelenkt werden. Ist der Hirnstoffwechsel im Gleichgewicht, fühlen wir uns wohler – gerät er ins Stocken, leidet auch unser Wohlbefinden.

Das zeigt sich auch in der Behandlung von Depressionen, bei der neue Erkenntnisse zur Neuroplastizität eine Rolle spielen. Antidepressiva fördern die Bildung von Nervenzellen in bestimmten Hirnregionen und unterstützen die Vernetzung von Nervenzellen, die als Synapsen Verbindungen schaffen. Diese Entdeckung des

Neurowissenschaftlers Ronald Duman von der Yale University stellt die Sichtweise auf Depression infrage und rückt das Thema Neuroplastizität ins Zentrum. Dies mag sich etwas kompliziert anhören, besagt jedoch, dass wir durch Stressreduktion und Ruhe unseren Gemütszustand beeinflussen können.

Lebensstilfaktoren wie Ernährung und Entspannung beeinflussen ebenfalls das emotionale Wohl. Forscherin Felice Jacka von der Deakin University fand heraus, dass eine mediterrane Ernährung depressive Symptome um bis zu 30% reduzieren kann. Omega-3-Fettsäuren aus Fisch wie Lachs und Hering sowie Gewürze wie Kurkuma, Chili und Safran fördern die Bildung neuer Nervenzellen und wirken entzündungshemmend. Auch Lebensmittel wie Nüsse, Bananen und Schokolade, die reich an Tryptophan sind, heben die Stimmung und fördern die psychische Gesundheit.

Stärke und Resilienz können durch Bewegung gezielt gefördert werden. Sport wirkt wie ein Turbo für das Gehirn: Studien zeigen, dass Bewegung bei leichten Depressionen ähnlich wirksam ist wie Antidepressiva, aber ohne Nebenwirkungen. Ob Wandern, Schwimmen oder Radfahren – sportliche Aktivitäten fördern die strukturelle Vergrößerung von Hippocampus und präfrontalem Kortex und sorgen für seelische Beweglichkeit. Auch kontrollierter Stress, wie intensives Training, Sauna oder Eisbaden, regt die Ausschüttung von Serotonin und Dopamin an, hebt die Stimmung und stärkt die Resilienz. Dieses Phänomen, bekannt als *Hormesis*, besagt, dass kurzzeitige Belastungen das Gehirn widerstandsfähiger machen.

Die Kraft der Natur ist dabei ebenso nicht zu unterschätzen. Die Natur wirkt wie ein Anti-Stress-Programm: Schon der Blick auf grüne Landschaften hebt die Stimmung und lindert Aggressionen. Eine US-Studie zeigte, dass sich Patienten nach Operationen in Zimmern mit Aussicht auf Natur schneller erholten und weniger Schmerzmittel benötigten. Die morgendliche Joggingrunde im Freien wirkt ebenfalls positiv auf den Biorhythmus. Im Winter helfen Tageslichtlampen, die Stimmung zu heben und depressive Symptome zu lindern.

Ebenso hilfreich ist Schlaf als Gehirnregeneration. Erholsamer Schlaf ist für das Gehirn eine Verjüngungskur und sorgt für geistige Klarheit. Im Schlaf werden Abfallprodukte und Nervengifte aus dem Gehirn abtransportiert, was für ein „frischeres" Empfinden am nächsten Tag sorgt. Schlaf unterstützt somit nicht nur die Erholung, sondern auch das emotionale Gleichgewicht.

Gemeinschaft und soziale Bindungen sind eine weitere Glücksquelle. Gemeinschaftliche Beziehungen sind eine wichtige Stütze für das persönliche Glück. Eine Langzeitstudie der Harvard-Universität zeigt, dass Menschen, die in sozialen Netzwerken wie Familie und Freundeskreisen gut eingebunden sind, ein höheres Maß an Lebenszufriedenheit empfinden. Einsamkeit hingegen ist ein wesentlicher Risikofaktor für Unglücklichsein und negative Gesundheit.

Basis für wahres Glück und Erfolg

Die Natur liebte ich und neben der Natur die Kunst. Ich wärmte meine Hände am Feuer des Lebens. Es erlischt und ich bin bereit es zu verlassen.

– Unbekannt

Die meisten Menschen wünschen sich ein Leben in Fülle, Glück und Erfolg. Dieser Wunsch scheint tief in uns verankert zu sein. Jeder stellt sich unter diesen Begriffen etwas anderes vor, jeder hat einen anderen Zugang dies zu erreichen und richtet sein Leben letztendlich darauf aus – wobei es stets darum geht zu „*glänzen*". Die wenigsten Menschen sind sich jedoch bewusst, dass sie im Gesellschaftsleben nie einen guten Eindruck auf andere Leute machen bzw. Zielsetzungen erreichen werden, solange sie nicht aufhören, darüber nachzudenken, was für einen Eindruck sie machen. Versucht man hingegen einfach nur die Wahrheit zu sagen, wird man in 4 von 5 Fällen originell sein, ohne es überhaupt zu merken. Dieses Prinzip zieht sich von vorn bis hinten durch alle unsere Lebensabschnitte und -bereiche und unser gesamtes Dasein auf dieser Welt. Vergessen Sie Ihr Selbst und halten Sie nichts zurück, denn es wird Ihnen ohnehin nie wirklich gehören. Es ist so ähnlich wie beim Spielen von Musikinstrumenten, dessen sich die meisten Menschen erst gar nicht bewusst sind: Es geht nicht so sehr darum, wie gut Sie etwas spielen, sondern darum was Sie fühlen, wenn Sie spielen. Jeder Mensch fühlt sich mal anders – mal so und dann wieder so. Aber wir gehen alle auf dieselbe Reise, nur auf unterschiedlichen Wegen. Das ist alles. Sie, ich, Freunde und Bekannte gehen ihren eigenen Weg. Seien Sie dabei dankbar für das was Ihnen gegeben wurde. So mancher von uns hat schon mehr erlebt und länger gelebt als man dachte.

Auf unserer Reise hat jeder Freunde, Bekannte oder Verwandte, die man beneidet oder auf welche man etwas aufschaut. Sie führen ein Leben von dem man denkt, es sei perfekt. Makelloses Aussehen, ein ansehnliches Haus und eine Karriere von der mancher so heimlich träumt. Urlaube und Ausflüge, die den Anschein erwecken, da muss ein professioneller Fotograf am Werk gewesen sein. Was sie auch machen oder wohin sie auch gehen, es scheint immer alles perfekt zu sein. Viele Menschen kennen dies und manche dieser hegen (wenn auch verschlossen) verwerfliche Empfindungen gegen solche Personen. Soziale Medien und andere technologische Neuerungen verstärken negative Tendenzen gegenüber anderen Mitmenschen noch weiter, da ständig Fotos und Geschichten geteilt werden und so einigen ein Gefühl von Neid überkommt. Wir alle haben das schon einmal erlebt, geben es aber gegenüber anderen häufig nicht zu. Dabei wird vergessen, welche hohen Kosten schlechte Gewohnheiten wie diese verursachen. Studien zeigen, dass Missgunst gegenüber Freunden, Bekannten oder Verwandten in sozialen Medien (oder auch im „*normalen*" Leben) zu Depressionen führen und diese auch begünstigen (und das bereits bei einem geringen zeitlichen Rahmen, welcher dafür aufgewendet wird). Solche Gedankengänge sind Fallen, die unser Verstand uns stellen kann. Es gibt *drei Arten* von destruktiven Gedanken und Glaubensansätzen, die uns weniger effektiv machen und uns unserer mentalen Stärke berauben.

Die *erste Art* destruktiven Glaubens, die uns zurückhält, sind <u>ungesunde Überzeugungen über andere</u>. Wir denken, dass andere Menschen uns kontrollieren können und wir geben unsere Macht an diese ab. Sie müssen wissen, dass Sie als Erwachsener in einem freien Land nur sehr wenige Dinge im Leben tun müssen. Wenn Sie sagen: „*Ich muss dies oder das für jemanden tun*", geben Sie Ihre Kontrolle an jemand anderen ab. Ja, es stimmt, es gibt vielleicht Konsequenzen, wenn Sie dies oder das nicht tun, aber es ist immer noch Ihre Wahl, ob Sie zum Beispiel mehr Zeit in der Arbeit verbringen oder mehr mit Ihren Freunden. Es ist Ihre Entscheidung, ob Sie es vorziehen, das Leben zu genießen, anstatt etwas zu erreichen. Wenn Sie sagen: „*Mein Mann und meine Verwandten machen mich verrückt*", geben Sie etwas von Ihrer Kontrolle und Macht ab. Vielleicht haben Sie mit Ihren Freunden und Verwandten Probleme, aber es liegt an Ihnen, wie Sie auf sie reagieren, weil Sie die Kontrolle haben. Halten Sie sich dabei immer vor Augen, dass sich *ärgern* bedeutet, für die *Fehler anderer zu leiden*. Versäumnisse Ihrer Mitmenschen sollten Sie so sehr wie eine weggeworfene Currywurst im Atlantik interessieren. Dadurch schaffen Sie es ruhig zu bleiben und das wie auch immer zum Ausdruck gekommene Fehlverhalten nicht persönlich zu nehmen. Wie häufig wissen wir selbst nicht, warum wir etwas tun oder denken (oder auch unterlassen), bei unseren Mitmenschen sind wir uns hingegen zumeist sicher, deren Beweggründe für deren Verhalten zu kennen. Wir sind oft nicht ruhig und gelassen, weil wir anderen Absichten unterstellen, ohne wirklich zu wissen, weshalb sie so und nicht anders handeln. Dies im Hinterkopf zu haben, verhilft Ihnen nicht herb und rücksichtslos auf Ihre Mitmenschen zu reagieren, sondern mögliche Erklärungen auszuloten: Hat er vielleicht gerade Zoff mit seiner Frau? Wurde ihm ein anderes unangenehmes Ereignis zuteil? Jedenfalls nehmen entspannte Menschen solche Verhaltensweisen nicht persönlich.

Eine *weitere ungesunde Überzeugung* betrifft die Tatsache, dass wir über uns selbst schlecht denken. Wir neigen dazu, uns selbst zu bemitleiden. Phasen der Trauer und sich einige Zeit über etwas zu ärgern, müssen nicht negativ assoziiert sein. Aber Selbstmitleid geht über dies hinaus und vergrößert lediglich bereits entstandenes Unglück. Wenn Sie sich in einer Spirale des negativen Denkens wiederfinden und Gedankengänge wie „*Warum passiert das gerade immer mir*" oder „*Ich werde das wieder nicht schaffen*" vor sich her „*posaunen*", lenkt Sie dies lediglich ab, eine Lösung zu finden. Sollten Sie aber auch keine Lösung für Ihre Probleme finden, welche diese Spirale des negativen Denkens ausgelöst haben, können Sie einen Weg einschlagen, der Ihr Leben oder das Ihrer Mitmenschen verbessert. Dies wird Ihnen jedoch nicht gelingen, wenn Sie Ihrem eigenen Selbstmitleid verfallen.

Weitere negative Gedankengänge, welche uns zurückhalten, betreffen ungesunde Glaubensansätze über das Leben in seiner Gesamtheit. Wir denken dabei, wenn wir nur lange und viel genug arbeiten und mit Bedacht vorgehen, sich ein entsprechender Erfolg auch einstellen wird und wir für unsere Mühen belohnt werden. Die Erwartung, dass der Erfolg nur durch positives Denken oder eine „*kosmische Belohnung*" in Ihren Schoß fällt, führt jedoch lediglich zu Enttäuschungen. Die Welt funktioniert so nicht. Es ist schwer und erfordert großer Anstrengungen, um schlechte mentale Gewohnheiten wie diese aufzugeben, die wir so lange mit uns herumgetragen haben. Aber Sie können es sich nicht leisten, sie nicht aufzugeben. Denn früher oder später werden Sie eine Zeit in Ihrem Leben erdulden, in der Sie alle mentale Kraft benötigen, die Sie aufbringen können. *Ungesunde Überzeugungen* über die Welt entstehen, weil wir tief im Inneren wollen, dass die Welt *fair* ist. Menschen denken, dass uns genug gute Dinge passieren werden, wenn wir genug gute Taten vollbringen. Oder wenn wir es nur durch genug schlechte Zeiten schaffen, werden wir eine Belohnung erfahren. Letztendlich muss man jedoch akzeptieren, dass das Leben nicht immer fair ist. Das kann befreiend sein. Es bedeutet, dass Sie nicht unbedingt für Ihre Güte belohnt werden, aber es bedeutet auch, dass Sie, egal wie viel Sie gelitten haben, nicht dazu verdammt sind, weiterhin zu leiden. Ihre Welt ist das, was Sie daraus machen. Aber bevor Sie Ihre Welt verändern können, müssen Sie natürlich glauben, dass Sie sie verändern können. Es beginnt oft nur mit einem kleinen Schritt, der zu einem weiteren größeren Schritt führt. Deshalb lade ich Sie ein, darüber nachzudenken, welche schlechten mentalen Gewohnheiten Sie zurückhalten. Welche ungesunden Überzeugungen halten Sie davon ab, so geistig stark zu sein, wie Sie es sein könnten. Was ist ein kleiner Schritt, den Sie heute machen können?

Das Geheimnis geistig stark zu werden

In uns selbst liegen die Sterne unseres Glücks.

– Heinrich Heine

Viele Menschen sind sich nicht des *80/20-Prinzips* bewusst. Das Wissen um dieses Prinzip kann Ihr Leben zum Positiven verändern – oder zumindest Einfluss darauf nehmen, wie Sie in bestimmten Situationen reagieren. Was bedeutet das 80/20-Prinzip? Es bedeutet folgendes: Wir haben absolut keine Kontrolle über 20 Prozent der Dinge, die uns widerfahren. Sie können nicht verhindern, dass Sie im Stau stehen und einen wichtigen Termin versäumen. Sie können auch nichts dagegen tun, wenn Ihre Waschmaschine den Geist aufgibt oder Ihr Mobiltelefon nicht so funktioniert, wie Sie es gerne hätten. Wir haben keine Kontrolle über diese 20 Prozent. Sie können jedoch die anderen 80 Prozent steuern. Wie das, werden Sie sich fragen. Ganz einfach: Wie Sie auf das reagieren, was Ihnen widerfährt. Gesundheitliche Warnsignale Ihres Körpers können Sie nicht ausschließen. Sie können jedoch kontrollieren, wie Sie damit umgehen. Sie haben zumeist keine Kontrolle darüber, wann und wie Menschen Sie an der Nase herumführen oder es nicht gut mit Ihnen meinen. Sie können jedoch kontrollieren, wie

Sie darauf reagieren. Lassen Sie mich dies anhand einer kleinen Geschichte näher veranschaulichen.

Sie geben ein Essen für Ihre Freunde und Ihre Familie anlässlich einer Feier. Ihr Freund wirft ein Getränk um und es landet direkt auf Ihrem neuen Businesshemd. Sie haben keine Kontrolle darüber, was gerade passiert ist. Was als nächstes passiert, wird davon abhängen, wie Sie reagieren. Sie malen den Teufel an die Wand, fluchen und schimpfen hart mit Ihrem Freund, weil er das Getränk umgeworfen hat. Er ist traurig und den Tränen nahe. Nachdem Sie ihn beschimpft haben, wenden Sie sich an den Verantwortlichen des Buffets und Sie kritisieren das Platzieren der Getränke zu nahe an der Tischkante. Es folgt ein kurzer verbaler Kampf. Sie stürmen umher und versuchen ein neues Hemd aufzutreiben. Zurück im neuen Outfit ist Ihr Freund gekränkt und verpasst in aller Aufregung einen wichtigen Termin. Nichtsdestotrotz eilen Sie Ihrem Freund zu Hilfe und doch steckt ein kleiner Keil in der Beziehung zu Ihren Zeitgenossen.

Warum? Weil Sie entsprechend reagiert haben. *(I)* Hat das Getränk dies verursacht? *(II)* Hat Ihr Freund dies verursacht? *(III)* Haben Sie dies verursacht? Die Antwort lautet *(III)*. Sie hatten keine Kontrolle darüber, was mit dem Getränk passiert ist. Wie Sie in diesen 5 Minuten reagiert haben ist das, was Ihren schlechten Tag verursacht hat.

Hier nun, was hätte passieren können und sollen: Das Getränk macht Ihre Kleidung schmutzig. Sie sind verärgert und Ihr Freund ist gekränkt. Sie sagen ganz einfach: *„Es ist okay und nicht viel passiert, nächstes Mal machen wir das anders."* Zwei verschiedene Szenarien. Beide fingen gleich an. Beide endeten unterschiedlich. Warum? Wegen der Reaktion auf das, was Ihnen widerfahren ist. Sie haben in keinster Weise Kontrolle über 20 Prozent von dem, was Ihnen im Leben passiert. Die anderen 80 Prozent werden durch Ihre Reaktion bestimmt.

Es sollen einige *Möglichkeiten* aufgezeigt werden, welche die Anwendung des 80/20-Prinzips veranschaulichen.

Wenn beispielsweise jemand etwas Negatives über Sie sagt, seien Sie kein *„Weichei"*. Lassen Sie den Angriff so wie er ist – er ist einfach nicht der Rede wert. Sie müssen die negativen Kommentare nicht zulassen, geschweige denn sollten diese Sie beeinflussen. Reagieren Sie richtig und es wird Ihren Tag nicht ruinieren. Sagen Sie sich, dass der überlegene Mensch immer ruhig und gelassen ist. Eine falsche Reaktion kann dazu führen, dass ein Freund verloren geht oder Sie vielleicht gestresst sind. Wie reagieren Sie, wenn Sie unschuldig Ihre Arbeitsstelle verlieren? Verlieren Sie die Beherrschung? Fluchen Sie oder können Sie nicht mehr klar denken? Rufen Sie sich das 80/20-Prinzip in Erinnerung und machen Sie sich keine Sorgen. Ihnen wird gesagt, dass Sie Ihren Job verloren haben und Sie behalten dieses Prinzip im Hinterkopf. Warum den Schlaf verlieren oder gereizt werden? Nutzen Sie Ihre besorgniserregende Energie und Zeit, um einen neuen Job zu finden.

Der Zug oder das Flugzeug hat Verspätung. Es wird Ihren Zeitplan für den Tag durcheinanderbringen. Warum lassen Sie Ihre Frustration den Reisebegleiter spüren? Diesen trifft keine Schuld und er hat keine Kontrolle darüber, was los ist. Nutzen Sie Ihre Zeit zum Lernen und treten Sie in Kontakt mit anderen Passagieren. Lernen Sie diese kennen. Warum sich also den ganzen Stress antun? Es wird die Dinge doch nur noch schlimmer machen. Sie kennen nun das 80/20-Prinzip. Wenden Sie es an und Sie werden von den Ergebnissen begeistert sein. Sie werden nichts verlieren, wenn Sie es versuchen.

Das 80/20-Prinzip ist unglaublich. Nur sehr wenige kennen es und verwenden es auch tatsächlich. Durch den ständigen Gebrauch dieses Prinzips werden Sie es selbst in aller Klarheit wahrnehmen und es wird sich vieles zum Besseren für Sie wenden. Wenn wir einen Blick auf unsere Gesellschaft werfen, so sehen wir viele Menschen, die leiden und von Stress, Schmerzen oder anderen gesundheitlichen Beschwerden heimgesucht werden. Die Anwendung des 80/20-Prinzips kann Ihnen auch hier helfen, da eine Vielzahl von körperlichen Beschwerden durch psychische Ursachen ausgelöst werden. „*Genießen*" Sie dieses Prinzip, weil es Ihnen helfen wird – und wenden Sie es einfach, ohne viel Nachdenken an. Damit Ihnen dies leichter fällt möchte ich Ihnen die folgende *Anekdote* schildern:

Es kamen ein paar Suchende zu einem alten Zenmeister. „Herr", fragten sie, *„was tust du, um glücklich und zufrieden zu sein? Wir wären auch gerne so glücklich wie du."* Der Alte antwortete mit mildem Lächeln: *„Wenn ich liege, dann liege ich. Wenn ich aufstehe, dann stehe ich auf. Wenn ich gehe, dann gehe ich, und wenn ich esse, dann esse ich."*
Die Fragenden schauten etwas betreten in die Runde. Einer platzte heraus: *„Bitte, treibe keinen Spott mit uns. Was du sagst, tun wir auch. Wir schlafen, essen und gehen. Aber wir sind nicht glücklich. Was ist also dein Geheimnis?"* Es kam die gleiche Antwort: *„Wenn ich liege, dann liege ich. Wenn ich aufstehe, dann stehe ich auf. Wenn ich gehe, dann gehe ich und wenn ich esse, dann esse ich."*
Die Unruhe und den Unmut der Suchenden spürend, fügte der Meister nach einer Weile hinzu: *„Sicher liegt auch ihr und ihr geht und ihr esst. Aber während ihr aufsteht, überlegt ihr, wohin ihr geht und während ihr geht, fragt ihr euch, was ihr essen werdet. So sind eure Gedanken ständig woanders und nicht da, wo ihr gerade seid. In dem Schnittpunkt zwischen Vergangenheit und Zukunft findet das eigentliche Leben statt. Lasst euch auf diesen nicht messbaren Augenblick ganz ein und ihr habt die Chance, wirklich glücklich und zufrieden zu sein."*

Es braucht Willenskraft sich selbst die Erlaubnis zu geben, diese Erfahrung zu machen – etwas einfach zu tun, um im „Jetzt" stimmig mit unserem Vorhaben zu sein. Seien Sie sich ebenso bewusst, dass absolut alles, was wir tun, geben, sagen oder sogar denken, wie ein Bumerang ist. Es wird zu uns zurückkommen, ob wir das nun wollen oder nicht...

Wenn wir empfangen wollen, müssen wir zuerst lernen zu geben. Vielleicht enden wir mit leeren Händen, aber unser Herz wird voller Liebe sein und das kann Ihnen niemand nehmen. Und diejenigen, die das Leben lieben, tragen dieses Gefühl spürbar in ihrem Herzen...

Einfache *Glaubensansätze* können Ihnen helfen, dass Sie dies leichter bewerkstelligen. Entscheiden Sie sich daher glücklich zu sein. Lernen Sie, sich an einfachen Dingen zu erfreuen. Haben Sie dabei stets viele Interessen. Wenn Sie nicht reisen können, lesen Sie über neue, entlegene Orte. Da Hass die Seele vergiftet, hegen Sie keinen Groll und keine Eifersucht. Vermeiden Sie Menschen, die Sie unglücklich machen. Leihen Sie sich niemals Ärger aus, da imaginäre Dinge schwerer zu ertragen sind als das echte Leben. Tun Sie die Dinge, die Sie gerne tun, aber vermeiden Sie übermäßige Schulden und Verbindlichkeiten. Lassen Sie nicht zu, dass Ihr Nachbar Ihre Standards setzt. Seien Sie vielmehr Sie selbst. Sie können es niemals allen recht machen. Lassen Sie sich nicht von der Kritik anderer beunruhigen. Nehmen Sie sich dabei nicht zu ernst. Denken Sie nicht, dass Sie in irgendeiner Art und Weise vor Unglück geschützt sein sollten, das andere Menschen heimsucht. Beschäftigen Sie sich mit etwas. Eine beschäftigte Person hat nie Zeit, unglücklich zu sein. Tun Sie dabei auch etwas für diejenigen, die weniger Glück haben als Sie. Seien Sie nicht nachträglich gegenüber erfahrenem Unrecht und verbringen Sie Ihre Zeit nicht damit über Sorgen oder

Fehler nachzudenken. Ein altes chinesisches Sprichwort sagt: *„Du kannst nicht verhindern, dass die Vögel der Besorgnis über deinen Kopf fliegen. Aber du kannst verhindern, dass sie sich in deinem Kopf ein Nest bauen."* Das hilft Ihnen ebenso über schmerzliche und leidvolle Dinge besser hinwegzukommen und nicht zu einem der Menschen zu werden, welche niemals Geschehenes hinter sich lassen können. Es zeigt sich, dass diejenigen Menschen ein hohes Maß an Stressresistenz besitzen, welche sich sagen: *„Das schaffe ich schon."* Menschen, welche an ihre Selbstwirksamkeit glauben, von sich überzeugt sind, auf Ihre Einflussmöglichkeiten und Fähigkeiten vertrauen, kommen mit Krisen besser zurecht. Mitmenschen antworten zumeist auf die Frage, was für ihren Erfolg ausschlaggebend war, dass sie nicht aufgeben, wenn sie hinfallen und stets auf Handeln fokussiert sind. Fehler werden als Chancen begriffen und aus diesen entspringen neue Erfahrungen, welche in zukünftige Pläne einfließen. Viele der erfolgreichen Menschen, welchen ich begegnen durfte, hatten keine gute Schulbildung oder gar einen universitären Abschluss. Das bedeutet nicht, dass Sie nicht viel Zeit und Arbeit in Ihre Ausbildung stecken sollten. Was auch immer Sie an Wissen gewinnen, ist Ihre Waffe im Leben. Denken Sie nicht, wenn Ihnen eine schwierige Aufgabe bzw. Arbeit bevorsteht, Sie seien ihr nicht gewachsen. Wenn etwas in den Kräften eines anderen Menschen steht und möglich ist, so seien Sie überzeugt, dass auch Sie es erreichen können. Machen Sie deshalb das Beste aus Ihren Umständen. Niemand hat alles und jeder wird von Zeit zu

Zeit Trauer erfahren, welche durch Lebensfreude besser zu ertragen ist. Der Trick dabei ist, dass das Lachen den Tränen überwiegen sollte. Und bei all dem <u>vergessen Sie nie</u>: Humor ist ein hervorragendes Mittel, um den alltäglichen Wahnsinn zu überleben. Das Glück kommt folglich zu denen, die lachen. Sagen Sie sich deshalb, dass Ihre Bedeutung gegen „*null*" tendiert. Sie sind wie ein einzelnes Sandkorn an einem Strand, da bisher mehr als 100.000.000.000 Menschen auf unserem Planeten lebten. Das hilft Ihnen dabei, sich weniger ernst zu nehmen und Sie können so Ihrem Leben mehr Humor schenken, diesem stets die lustige Seite abgewinnen und mehr über sich selbst lachen.

Negative Gedankengänge hinter sich lassen, um mentale Stärke zu erreichen

Besser sich ärgern als lachen; denn bei einem vergrämten Gesicht wird das Herz heiter.
– Kohelet 7,3

Mentale Stärke ist der *körperlichen Stärke* sehr ähnlich. Für die körperliche Fitness betreiben Sie Kraft- oder Ausdauersport und ernähren sich darüber hinaus im Idealfall entsprechend. Mentale Stärke erfordert gute Gewohnheiten wie Dankbarkeit zu üben und diese auch regelmäßig umzusetzen. Ein Leben gewidmet dem Nächsten, Geduld gegenüber anderen, in der Nachsicht und der Ergebenheit in das eigene Schicksal, hilft dabei. Dazu gehört es ebenso schlechte Gewohnheiten aufzugeben, wie der ständige Drang Ihren Mitmenschen zu gefallen oder sich über den Erfolg eines anderen oder Ihrer Zeitgenossen zu ärgern.

Sie haben also Ihr Gehirn darauf zu trainieren, anders zu denken. Sie können dies am besten tun, indem Sie die schlechten mentalen Gewohnheiten aufgeben, die Sie ständig mit sich herumtragen. Dies beginnt damit, den ungesunden Überzeugungen, die wir im vorhergehenden Abschnitt besprochen haben, mit gesünderen entgegenzuwirken. Zum Beispiel entstehen ungesunde Überzeugungen über uns selbst meist deshalb, da wir mit unseren Gefühlen Unwohlsein oder Negatives empfinden. Sie können sich verletzt, traurig, wütend oder auch verängstigt fühlen – all dies ist sehr unangenehm für Sie. Wir bemühen uns also sehr, diese Gefühle und Beschwerden zu vermeiden und versuchen ihnen zu entkommen, sodass wir uns selbst bemitleiden und uns weiteren negativen Gefühlsregungen hingeben, welche lediglich bereits entstandenes Unglück vergrößern. Und obwohl dies eine vorübergehende Ablenkung ist, verlängert es nur den Schmerz. Der einzige Weg, um durch unangenehme Emotionen zu kommen und mit ihnen umzugehen, ist, <u>dass man sie durchmachen muss</u>. Das bedeutet sich traurig fühlen und dann wieder zurück in Ihrem gewöhnlichen Alltag ankommen, um sich in Ihre Fähigkeit zu versetzen, mit diesen Beschwerden umzugehen.

Zu dieser Erkenntnis kam bereits die Hauptfigur des Buddhismus – *Siddhartha Gautama*. Er war kein Gott, sondern Thronfolger eines Königreichs des Gebirgszugs des Himalayas. Im Laufe seines Lebens beobachtete er viel Leid und dass Menschen der Macht und dem Geld hinterherjagen, auf Wissen und Reichtümer aus sind, Nachkommen in die Welt setzen und materialistischen Versuchungen erliegen. Er kam zum Schluss, dass alles, was die Menschen auch erreichen, ihnen doch zu wenig ist. Wer ein Haus hat träumt von einem Palast und die Armen vom Reichtum. Aber auch die Wohlhabenden werden von Sorgen getrieben, nämlich dass Missgeschicke, Krankheit und der Tod ihnen alles wieder nehmen kann. *Siddhartha Gautama* versuchte herauszufinden wie man diesen sinnlosen Bestrebungen entkommen kann. Nachdem er erkannt hatte, dass diese Realitäten – Altern, Krankheit, Tod und Schmerz – untrennbar mit dem Leben verbunden sind, und auch Wohlstand und Reichtum demnach keinen Bestand haben, beschloss er, nach einem Weg aus diesem allgemeinen Leid zu suchen. *Siddhartha Gautama* erkannte, dass negative Gedanken und Leid weder durch Schicksalsschläge noch soziale Ungerechtigkeit verursacht werden. Die wirklichen Ursachen dieser destruktiven Gefühlsregungen sind vielmehr die eigenen Denk- und Verhaltensmuster. *Gautama* begriff, dass es eine Möglichkeit gibt, diesem Teufelskreis zu entgehen. Wenn wir eine Erfahrung, sei sie noch so angenehm oder unangenehm, einfach als das nehmen, was sie ist, dann verursacht sie keine negativen Gefühlsregungen und kein

Leid. Er wies seine Anhänger an, nicht zu stehlen, sexuelle Ausschweifungen und andere destruktive Verhaltensweisen zu vermeiden, da diese Handlungen das Begehren (nach Reichtum und Lust u.Ä.) anfachen. Er vertrat die Ansicht, wenn nur das Feuer des Begehrens erloschen ist, tritt an dessen Stelle ein Zustand völliger Ruhe und Gelassenheit (er bezeichnete dies als „*Nirwana*"). Bei Erreichen dieses *Nirwanas* wird Leid hinter sich gelassen und man erkennt die Wirklichkeit mit einer nie dagewesenen Klarheit. Man macht nach wie vor unangenehme Erfahrungen, aber diese führen zu keinerlei negativen Verhaltensweisen und verursachen kein Leid mehr. Menschen, welche nicht begehren, können folglich auch nicht leiden. Dies alles zeigt, dass ungesunde Überzeugungen über uns und andere entstehen, weil wir uns mit anderen Menschen vergleichen. Wir denken, dass sie entweder *über* oder *unter* uns stehen. Oder wir denken, dass sie steuern können, wie wir uns fühlen oder verhalten. Tatsächlich sind es jedoch unsere eigenen Entscheidungen, die das tun. Sie müssen akzeptieren, dass Sie Ihre eigene Person sind und andere Menschen von Ihnen separat zu betrachten sind. Die einzige Person mit der Sie sich vergleichen sollten, ist die Person, die Sie einige Tage zuvor waren.

Den erläuterten negativen Gedankengängen sollten Sie abschwören, um den Fallen unseres eigenen Verstandes zu entfliehen. Die aufgezeigten destruktiven Gedanken und Glaubensansätze, die uns weniger effektiv machen und uns unserer mentalen Stärke berauben, sind daher weitestgehend zu vermeiden. Das gelingt Ihnen am besten, wenn Sie sich die 3 folgenden Grundsätze stets in Erinnerung rufen: *(I)* <u>Die uneingeschränkte Freiheit für Ihr Leben liegt darin zu erkennen, dass niemand an Sie denkt.</u> Wenn Sie feststellen, dass die meisten Menschen über sich selbst nachdenken und Sie dieses Konzept tatsächlich verinnerlichen, ist die Freiheit unglaublich. Niemand denkt so viel über Sie nach, wie Sie selbst, weil wir meistens an uns selbst denken. Dadurch werden Sie sich viel weniger an den zuvor erläuterten Freunden, Bekannten oder Verwandten orientieren. *(II)* Wir werden später auf den Wert der Gelassenheit zurückkehren. <u>Humor kann Ihnen dabei eine unglaublich große Stütze sein.</u> Generell sind Lachen und Humor hervorragende Mittel, um den Alltag, aber auch schwere Krisen, einfacher zu überstehen. Oft und viel zu lachen und ein äußerst humorvoller Mensch zu sein, hilft Ihnen dabei keinen Groll gegen jene zu hegen, bei welchen immer alles perfekt zu sein scheint. Das Glück kommt zu jenen die lachen. *(III)* Negative Tendenzen gegenüber anderen Mitmenschen können Sie noch weiter reduzieren, wenn Sie wirklich in Frieden und in Kontakt mit sich selbst stehen und <u>nichts, was jemand sagt oder tut, Sie stört und keine Negativität oder Dramatik Sie berühren kann.</u>

Befriedigung des Geistes

Ein Tropfen Liebe ist mehr als ein Ozean Verstand.

– Blaise Pascal

Einer der wichtigsten Glücksphilosophen der Antike war *Epikur*. Er lebte von 341 v. Chr. bis 270 v. Chr. und gründete die epikureische Schule. Epikur beschreibt die allgemeine Lust (am Leben) als Prinzip eines gelingenden Lebens. Dabei darf seine Position nicht mit der des *Aristippos* (jener war ein Schüler von *Sokrates*) verwechselt werden. Dieser behauptete, das bewusste Genießen sei der eigentliche *Sinn* des Lebens. Glück ist für *Epikur* hingegen vielmehr ein sich Freimachen von Unlust als eine bedingungslose Hingabe und Aufopferung an die Lust. So ist es eines der Hauptziele der epikureischen Glücksphilosophie, dass durch Schmerzvermeidung ein Zustand physischer Schmerzfreiheit erlangt wird. Enthaltsamkeit ist dabei eine Tugend, die demnach zum Vorschein gelangt. So steht nicht der übermäßige Genuss der weltlichen Güter, Wohlstand oder genussvolle Hingabe im Mittelpunkt, sondern die maßvolle Reduktion auf die notwendigsten Bedürfnisse. *Epikur* vertritt in seiner *Glücksphilosophie* die Auffassung, dass jemand, der stets an seine Grenzen geht und sich sehr hoch hinauswagt, auch der ist, der sehr tief fällt. *Extreme Lust* zieht immer auch *extreme Unlust* nach sich. Er ist daher für den Weg des *kleinen Glücks*, welchen man beschreiten sollte, um das wahre Glück zu finden. Das Glücksprogramm des *Epikur* lag vor allem in der Lust am Essen und Trinken, in Liebesgenüssen, Freundschaften und Freunden, dem Anhören von schöner Musik und Anschauen schöner Kunstgestaltungen. Viele Menschen entnahmen der epikureischen Glücksphilosophie vor allem das *Demütige* und *Bescheidene* und wandten dies in ihrem täglichen Leben an. Von Zeit zu Zeit müssen Menschen *einfach* leben, aber irgendwann wird manchen klar, dass es eine der besten Arten zu leben ist. Zu wissen, was genug für einen ist und was ausreicht, den Unterschied zwischen Wünschen und notwendigen Bedürfnissen zu kennen und zu unterscheiden, zu genießen, etwas das nicht funktioniert wieder zum Laufen zu bringen und zu lernen, einfache Freuden zu schätzen, nicht den „*Sumpf*" und andere Lebensräume der Erde als seinen Anteil an den Ressourcen der Natur zu nutzen – dies alles kann ein Leben befriedigender machen und weniger besorgniserregend. Glück hängt dabei nicht davon ab, wie viel wir haben, sondern stützt sich vor allem auf den persönlichen Erfolg basierend auf Können, Fähigkeiten und Kunstfertigkeiten, einen *Sinn* für Humor, Lachen, den Erwerb von Wissen und Kenntnissen, der Freude die Liebe zu entdecken, die Weiterentwicklung und Schärfung des Charakters und unseres geistig-seelischen Zustands, den Ausdruck von Dankbarkeit, die erfahrene Zufriedenheit durch die Hilfe und den Dienst an Mitmenschen oder Tieren, Vergnügen mit Freunden und den Komfort der Familie (wie immer man diese auch definieren möchte).

Es gibt ein altes *chinesisches* Sprichwort: „*Wenn Sie eine Stunde lang glücklich sein möchten, machen Sie ein*

Nickerchen. Wenn Sie einen Tag lang glücklich sein möchten, gehen Sie angeln. Wenn Sie ein Jahr lang glücklich sein wollen, erben Sie ein Vermögen. Wenn Sie ein Leben lang glücklich sein wollen, helfen Sie jemandem." Denken Sie an Ihre eigenen Erfahrungen und Ihren Freundes- und Bekanntenkreis. Auch Sie werden schon das eine oder andere Erlebnis gehabt haben, welches für Unmut sorgte – von Hilfe also keine Spur. Die Wahrheit ist aber auch, dass Sie dafür nichts können, jedoch die Menschen, welche Ihnen zu diesem Zeitpunkt wenig Hilfestellung boten. Es gibt immer eine Möglichkeit, jemandem zu helfen, und sei es noch so eine Kleinigkeit, wie einem Menschen die Hand zu halten oder andere Banalitäten des täglichen Lebens. Dazu die folgende kleine schöne *Geschichte*, welche zum Nachdenken anregt:

Zwei Herren, beide ernsthaft erkrankt, belegten dasselbe Krankenzimmer. Einer der Herren hatte die Erlaubnis, sich jeden Nachmittag für eine Stunde aufzusetzen, damit die Flüssigkeit aus seiner Lunge abfließen konnte.
Sein Bett stand am einzigen Fenster des Raumes. Der andere Herr musste die ganze Zeit flach auf dem Rücken liegen. Letztendlich unterhielten sich die beiden Männer stundenlang. Sie sprachen von ihren Frauen und Familien, ihrer Heimat, ihren Jobs, ihrem Militärdienst und wo sie im Urlaub waren. Jeden Nachmittag, wenn der Herr im Bett am Fenster sich aufrecht hinsetzte, ließ er die Zeit vergehen, indem er seinem Zimmernachbarn all die Dinge beschrieb, die er draußen am Fenster sah.

Der Herr im anderen Bett begann aufzuleben in jeder dieser Stunden, wo seine Welt erweitert und belebt wurde, durch all die Geschehnisse und Farben der Welt dort draußen. Das Fenster überblickte einen Park mit einem schnuckligen See. Enten und Schwäne spielten auf dem Wasser, während Kinder ihre Modellboote segeln ließen. Junge Verliebte bummelten Arm in Arm durch die unzählig bunten Blumen und eine schöne Aussicht auf die Silhouette der Stadt lag am Horizont.

Wenn der Herr am Fenster all dies beschrieb, mit allen kleinsten Details, schloss der Herr auf der anderen Seite im Raum die Augen und stellte sich die bildhaften Szenen vor. An einem warmen Nachmittag beschrieb der Mann am Fenster eine vorüberziehende Parade. Obwohl der andere Herr die Kapelle nicht hören konnte, konnte er sie vor seinem geistigen Auge sehen, während der Herr am Fenster sie mit anschaulichen Worten beschrieb. Tage, Wochen und Monate vergingen.

Eines Morgens, die Tagschwester kam um Wasser für das Bad zu bringen, fand sie den leblosen Körper des Herrn am Fenster, der friedvoll im Schlaf verstorben war. Sie war traurig und rief die Bediensteten, um die Leiche wegbringen zu lassen. Nach einer angemessenen Weile fragte der andere Herr, ob man ihn ans Fenster verlegen könnte. Die Schwester war erfreut und stellte das Bett des Herrn ans Fenster. Nachdem sie sich vergewisserte, dass er sich wohlfühlt, ließ sie ihn allein. Langsam, schmerzvoll stützte er sich auf seinen Ellenbogen, um einen ersten Blick auf die echte Welt draußen zu richten. Er strengte sich an, um sich langsam zu drehen und aus dem Fenster am Bett zu gucken. Es zeigte auf eine leere

Wand. Der Mann fragte die Schwester, was seinen verstorbenen Zimmernachbarn am Fenster veranlasst hatte, ihm so wundervolle Dinge von draußen von der Welt zu erzählen. Die Schwester erwiderte, dass der Herr blind war und nicht einmal die kahle Wand sehen konnte. Sie sagte: „*Vielleicht wollte er Sie nur aufmuntern.*"

Im geschäftigen Treiben der Menschen gibt es viele Zeitgenossen, die immer mit der Arbeit beschäftigt sind. Diese Menschen drehen ihr Leben um ihre Arbeit und opfern all ihre Zeit und Gesundheit, um die sozialen Erwartungen zu erfüllen. Sie sind nicht bereit, Zeit für ihre eigene Gesundheit und ihr Wohlbefinden aufzuwenden. Sie verpassen die Gelegenheit, mit ihren Kindern zusammen zu sein, wenn diese heranwachsen. Sie vernachlässigen die, die sie lieben und vergessen sich um sich selbst zu kümmern und ebenso ihr Wohlbefinden. Niemand weiß, was in einem Jahr passieren wird. Das Leben ist nicht von langer Dauer. Lebe also immer im *Jetzt*. Drücken Sie Ihren Lieben Ihren Dank in Worten oder Taten aus. Zeigen Sie Ihre Zuwendung und Ihr Wohlwollen und behandeln Sie jeden als wäre es der letzte Abschnitt seines Lebens. Auf diese Weise hätten Sie nichts zu bedauern, wenn Ihre Liebsten nicht mehr unter Ihnen sind.

Trotz alledem Ja zum Leben sagen

Der verlorenste aller Tage ist der, an dem man nicht gelacht hat.

– Sebastien Chamfort

Eingangs wurde erläutert, dass unsere Lebensqualität mitunter von Faktoren außerhalb unseres Einflusses bestimmt wird. *Schicksalsschläge,* wie der meines Freundes, der seit einem Unfall auf den Rollstuhl angewiesen ist, gehören dazu, aber lassen sich mit dem richtigen Ansatz besser meistern. Gehen Sie mit leidvollen Ereignissen gut um, so können Sie trotz dessen so glücklich werden wie andere Menschen, welche von betrübenden Schicksalsschlägen verschont bleiben. Es gibt viele Möglichkeiten ein tolles und glückliches Leben zu führen und die Wege dorthin sind zahlreich. Sie müssen sich diesen Situationen jedoch stellen und Verantwortung in die Hand nehmen, um so gute Entscheidungen zu fällen – anstatt sich über *Schicksalsschläge* und *Lebensumfelder,* welche außerhalb Ihres Einflussbereichs liegen, zu beklagen (unbewusst legen Sie so die Basis für persönliches Unglück). Es liegt ganz in Ihrer Hand, welche Einstellung Sie zum Leben haben, welche Ziele Sie verfolgen und welchen Weg Sie einschlagen werden. Das Leben geht ziemlich schnell vorüber. Wenn Sie nicht ab und zu anhalten und sich umschauen, könnten Sie es verpassen. Das Beste, was Sie tun können, ist jedoch nicht die ganze Zeit über diese

Hindernisse nachzudenken und sie trotzdem zu überwinden. Denken Sie an meinen gesundheitlich eingeschränkten Freund: Sie könnten mit dem, was Sie letztendlich nicht können, einverstanden sein, weil Sie so viel tun können, was Sie können. Leute stellen meinem Freund manchmal Fragen wie: *Ist es nicht schwer, mit dieser schweren Erkrankung zu leben?* oder *Wie machst du das, ich könnte so nicht leben?* und *Welchen täglichen Herausforderungen hast du dich mit deiner Krankheit zu stellen?* Seine Reaktion darauf ist immer dieselbe, wonach er, obwohl er die meiste Zeit mit seiner Krankheit auf Hindernisse stößt, an Dinge denkt, die überhaupt nichts mit seiner Krankheit zu tun haben. Das bedeutet nicht, dass mein Freund die negativen Aspekte der Hindernisse ignoriert, welche seine Gebrechen mit sich bringen. Wenn er etwas nicht tun kann, wie eine lange Strecke laufen oder an einer intensiven Motorradfahrt teilnehmen, weiß er natürlich, was ihm entgeht. Stattdessen entscheidet er sich für Aktivitäten, die er tun kann und leidenschaftlich mag – das Lesen von Büchern, seine Lieblingssportmannschaft, Dokumentationen und die Natur.

Trotz seiner Einschränkung zeigt er mir, dass ein Gebrechen kein Hindernis sein muss und er einer der glücklichsten und optimistischsten Menschen dieser Erde sein kann. Er sagte zu mir: *„Es sind Beine, bloß Beine. Früher oder später müssen wir alles hinter uns lassen. Es liegt auf der Hand, dass es besser ist Beine zu haben als keine zu haben. Aber mein geistig-seelischer Zustand ist vollkommen in Ordnung und erklärt auch meinen Optimismus, meinen Tatendrang und meine Dankbarkeit."*

Er teilte mir mit, dass er immer wieder während Krankenhausaufenthalten deprimierte Menschen sah, die geradewegs auf Niederlagen zusteuerten – und das trotz der Tatsache, dass weder Ärzte noch sie selber wussten, was ihnen organisch fehlte. Sein scharfer Geist und seine gewiefte Auffassungsgabe verwunderten mich immer wieder aufs Neue. So vertrat er die Ansicht, dass bei all unserem Tun der richtige Ansatz und die richtige Einstellung zum Leben, entscheidend für die Verbesserung unserer Umstände seien. Dementsprechend konnte er viel erfolgreicher und glücklicher werden als viele Menschen ohne Gebrechen – jedoch mit der falschen Einstellung zum Leben. Die Einschränkung des Bewegungsapparats ist kein Hindernis für ihn. Er bewegt sich immer weiter, nur anders und er hat auch immer etwas, auf das er sich freuen kann, etwas, nach dem er streben muss, um sein Leben reicher zu machen. Es muss nicht groß sein. Es kann alles Mögliche sein. Für ihn ist es sich auf die nächste spannende Dokumentation zu freuen, seine besten Freunde zu sehen oder an einer Feier für einen besonderen Freund teilzunehmen.

All diese Dinge halten Sie fokussiert und gleichzeitig wissen Sie, dass eine glänzende Zukunft vor Ihnen liegt – auch wenn Sie durch einige schwierige Zeiten geführt werden oder diese möglicherweise noch durchmachen müssen. Zu dieser Mentalität gehört, in einem vorausschauenden Geisteszustand zu bleiben (dabei jedoch nicht zu vergessen im „*Jetzt*" zu leben). Bemühen Sie sich keine Energie zu verschwenden, um sich schlecht zu fühlen. Denn wenn Sie das tun, stecken Sie in einer

Spirale fest, in der es keinen Raum für Glücksempfinden, Liebe, Wohlbefinden oder andere Emotionen gibt. Sicherlich können Sie negative Gemütsregungen nicht vollkommen ignorieren, wenn Sie sich schlecht fühlen. Akzeptieren Sie, dass diese irgendwie da sind, aber lassen Sie sie nur soweit herein, damit Sie anerkennen können, dass Sie da sind und um daran vorbeizukommen. Dazu gehören ebenso die schlimmen Umstände, welche meinem Freund widerfuhren. Diese sind nicht einfach zu bewältigen. Während seiner Zeit im Krankenhaus erzählte er mir, dass er von allen Aspekten seines Lebens abgeschieden war – solchen von denen er glaubte, dass sie ihn zu dem machten was er ist. Diese Art von Abgeschiedenheit kann einen schnell seiner Identität berauben. Aber zu wissen, dass es ihm bald besser gehen würde und sich auf eine Zeit zu freuen, in der er sich wieder gut fühlen würde, half ihm, weiter voranzukommen. Manchmal musste er mutig sein und das war nicht immer einfach – Schmerzen, und Einsamkeit machten sich bemerkbar. Dann und wann geriet er ins straucheln, haderte mit seinem Schicksal, hatte schlechte Tage und er erkannte, dass es nicht einfach sein sollte, mutig zu sein. Für ihn ist das letztlich der Schlüssel, um weiter voranzukommen. Dabei hätte er allen Grund gehabt den Mut zu verlieren. Er verbrachte mehrere Monate immer wieder im Krankenhaus. Er trug einen riesigen Gipsverband und war zwischen zwei Matratzen eingeklemmt, die regelmäßig gedreht werden konnten, um die Position zu ändern. Er lebt mit ständigen Schmerzen – etwas, das ich nur weiß, weil ich ihn danach gefragt habe.

Mit der Zeit kam er zur Auffassung, dass es nicht die Beine sind, die uns bewegen, sondern unser Denken. Er beschwert sich nie über seine Schmerzen, noch nimmt er Schmerzmittel dagegen, weil er nicht mag, wie er sich dabei fühlt. Mein Freund sagt immer, dass es ihm hilft, sich mit Menschen zu umgeben, mit denen er zusammen sein möchte. Er hat das große Glück, eine großartige Familie zu haben, die ihn sein ganzes Leben lang unterstützt hat. Und er hat auch das große Glück, eine relativ enge Gruppe von Freunden in seiner näheren Umgebung zu haben. Sie freuen sich über die gegenseitige Gesellschaft und sie helfen sich gegenseitig, wann immer das möglich ist. Er fühlt sich am glücklichsten, wenn er mit den Menschen zusammen ist, die ihn jeden Tag umgeben. Sie liefern die wirklich positiven Einflüsse in seinem Leben und er hofft, dass er auch in ihrem Leben einen positiven Einfluss haben kann. Das Wesentliche ist für die Augen nicht sichtbar, sondern nur für das Herz – seine Freunde sehen ihn so, wie er im Inneren ist. Das Fazit ist also, dass Sie Ihre Freunde, Ihre Familie, Verwandten und Bekannten schätzen und lieben und Ihre Mentoren und die Gemeinschaft anerkennen, weil sie ein realer Teil Ihres täglichen Lebens sind.

Menschen, die mit gesundheitlichen Beschwerden gut zurechtkommen, stemmen sich gegen den natürlichen Drang, über ihre angeschlagene Gesundheit zu erzählen. Genauso wenig wie Hasten und Hetzen Ihrer Gesundheit dienlich sind, führt ständiges Jammern und Klagen ebenso zu nichts. Sie mögen damit Mitleid erregen, aber Sie ernten weder Achtung noch die Zuneigung Ihrer

Mitmenschen. Sie sollten folglich Ihre Gesundheit und Ihr Leiden nicht an die offene Wand malen – oder besser noch, Sie sprechen erst gar nicht darüber. Das erspart Ihnen, dass eine einfache Erkrankung schlimmere Auswüchse annimmt. Es ist wie mit dem Saatgut einer Pflanze – das Sprechen über die Gesundheit wirkt wie Dünger und kann alles nur noch schlimmer machen. Menschen sind sich viel zu selten im Klaren darüber, dass Sie aufrichtig dankbar dafür sein sollten, wie Ihre Gesundheit ist. Statt zu klagen, zu jammern und die Gesundheit ständig schlecht zu reden, empfiehlt es sich dankbar zu sein, dass man ziemlich gesund ist und die Gesundheit so ist, wie sie ist. Bereits die ehrliche Dankbarkeit und Freude für Ihr Wohlbefinden wirken wie ein kräftiges Medikament gegen wirkliche Beschwerden – dies alles half meinem Freund trotz seiner häufig einschneidenden gesundheitlichen Erkrankungen. Alles in allem verschwendet er trotz seiner Umstände keine Energie darauf sich ständig zu beklagen, über sich selbst schlecht zu denken und sich fortlaufend schlecht zu fühlen. Er umgibt sich stattdessen mit Menschen, mit denen er zusammen sein möchte und bewegt sich so weiter vorwärts.

Unterstützung bietet ebenso, wenn Sie den echten Wunsch verspüren, selbst anderen Menschen zu helfen. Dies hilft Ihnen, Schwierigkeiten besser zu bewältigen. Erkennen wir die Problemstellungen anderer Menschen, dann nimmt uns dies die eigene Angst und führt dazu, besser mit eigenen Hindernissen und Problemen klar zu kommen. Sich weniger mit sich selbst und mehr mit anderen

Zeitgenossen zu beschäftigen, erweist sich immer wieder als geeignetes Mittel, Ängste und Probleme zu überwinden. Sie müssen dazu jedoch das innige Anliegen verspüren, anderen zu helfen und nicht lediglich zum Ziel haben, nur Ihr eigenes Leid aus der Welt zu schaffen. Wir tun jedoch immer so, als wären wir die einzigen Kranken auf dieser Welt, anstatt uns vor Augen zu führen, dass unzählige andere Menschen noch sehr viel mehr leiden als wir selbst das tun. Wenn, wie bei meinem Freund, die Beine gelähmt sind, sagen Sie sich, dass die Beine Sie nicht mehr tragen, aber Sie immer noch Ihre Arme haben. Sie verfügen immer noch über Fortbewegungshilfen und dieser einfache Gedankengang kann schon Unterstützung bieten. Ist ein Arzneistoff vorhanden, mit welchen Gedanken sollte man sich dann noch herumschlagen? Gibt es keinen Arzneistoff, wozu dann jammern und sich Sorgen machen? Dies würde alles nur verschlechtern und wäre Ihrem Heilungsverlauf nicht dienlich. Es gibt immer eine Möglichkeit auf Grundlage Ihres geistig-seelischen *Seins* einen Weg zu finden, um erfahrenes Leid zu lindern. Wenn Sie von Ängsten, mangelndem Selbstvertrauen, Eifersucht und Zorn geplagt werden, so versuchen Sie die wahren Gründe herauszufinden und in Angriff zu nehmen. Sie werden zumeist keinen nennenswerten Grund dafür finden, da das Problem in Ihren Gedankengängen und Ihrer Art zu denken liegt – und nicht, weil Sie unfähig sind es besser auf die Reihe zu bekommen. Mit dieser Philosophie können Sie sicher sein, dass Sie, unabhängig von Ihren Umständen, Hindernissen, Einschränkungen und Gebrechen, auch ein sehr glückliches Leben führen werden.

Ein (kurzfristiges) glückliches Leben leben

Im Leben gibt es etwas Schlimmeres als keinen Erfolg zu haben: Das ist, nichts unternommen zu haben.
— *Franklin D. Roosevelt*

In unserer Gesellschaft werden die Menschen nicht dazu ermutigt, sich Gedanken zu machen, die letztendlich wirklich zählen – bis das Ende für sie naht. Tag ein, Tag aus mühen wir uns ab – mit den Zahlungen unserer Kredite, beruflichem Vorankommen, Dinge zu erwerben oder auf die neuesten Trends aufzuspringen. Wir sind mit tausenden Kleinigkeiten beschäftigt, nur um zu vergessen, dass unser Leben an uns vorüberzieht. Deshalb kann es sinnvoll sein, Abstand zu gewinnen, einen Schritt zurück zu gehen und einen Blick auf unser Leben zu werfen. Ist das, was ich gerade tue, wirklich was ich will? Gibt es noch mehr? Vergessen Sie dabei nicht: Einen Schritt zurück zu gehen, kann auch bedeuten Anlauf zu nehmen. Das Leben ist dazu da, dass Sie es genießen. Vergeuden Sie es nicht mit täglichem Kleinkram, ohne über wichtigere Dinge nachzudenken. Versäumen Sie nicht das Leben zu leben, das Sie wirklich wollen!

Wir alle haben bis zum letztendlichen Tod, der uns unweigerlich trifft, enttäuschte Erwartungen, Verluste, Ungerechtigkeiten, Frustrationen, Einsamkeit sowie auch unvermeidliche Alterung zu erfahren. In meinen mehrjährigen sozialen Tätigkeiten, in Krankenhäusern und anderen wohltätigen Einrichtungen, bin ich vielen einsamen Patienten begegnet. Es mangelte ihnen vor allem an Gesellschaft, Wohlbefinden und Zuwendung. Ein guter Teil dieser Patienten war begütert, doch dieser vergängliche Besitz verschaffte ihnen weder innere Genügsamkeit noch Mitgefühl und seelisch-geistige Freude. Andere Menschen hingegen zogen viel Kraft aus der Einsamkeit und aus der mangelnden Zuwendung. Es gab viele erfolgreiche Menschen und herausragende Persönlichkeiten, welche gerade durch die Einsamkeit zu neuen Höhen aufschwangen. *Isaac Newton*, gerade 24 Jahre alt, hatte am *Trinity College* eben erst den Bachelor-Abschluss erlangt, als die Universität 1665 wegen einer nahenden Pestepidemie den Lehrbetrieb einstellte. Zurückgezogen und einsam begab er sich selbst in Quarantäne. In dieser Zeit entwickelte er bahnbrechende Theorien in Physik und Mathematik, die ihn später bekannt machen sollten. Auch *Harry S. Truman* suchte auf einem abgeschiedenen Bauernhof häufig die gezielte Einsamkeit. Oder denken wir an *Wladimir Iljitsch Lenin*, der im Zuge seines Exils in der Schweiz die schöpferische Kraft entwickelte, welche ihm dazu verhalf, die Führung der russischen Revolution in die Hand zu nehmen. Auch hier gilt wie überall: Man kann aus allem Kraft schöpfen und damit Leid besiegen – zur rechten Zeit, am rechten Ort und unter entsprechenden Bedingungen.

Ein Grundprinzip des Erfolgs besagt, dass Sie die Unterstützung anderer Menschen benötigen, wollen Sie vorankommen und selbst Erfolg haben. Viele erfolgreiche Menschen haben keine gute Ausbildung erhalten. Das bedeutet jedoch nicht, dass Sie erfolgreich sein können, wenn Sie nicht laufend lernen. Was immer Sie an Wissen gewinnen, kann eines Tages von Wert für Sie sein. Wir leben in sozialen gesellschaftlichen Beziehungen und im Umgang mit diesen braucht es nicht lediglich Wissen, sondern es braucht enge zwischenmenschliche Beziehungen und Interaktionen, um die Erreichung Ihrer Ziele zu gewährleisten. Dabei ist es nicht wichtig, woher man kommt oder wo man gerade steht, sondern wohin man will. Der Wunsch ein gewisses Einkommen zu generieren, ist da etwas ganz Natürliches. Geld verleiht Ihnen Freiheiten, ermöglicht ein erfülltes Leben und kann auch anderen Menschen helfen. Leider konzentrieren sich jedoch Menschen, die alles haben, häufig auf das was sie nicht haben, anstatt auf das, was sie bereits haben. Das ist auch ein Grund, warum Menschen, die im Überfluss leben, zu Drogen, Alkohol und anderen Betäubungsmitteln greifen. Sie fokussieren sich rein auf das, was sie nicht haben und schaffen sich so ihr eigenes Unheil. Andere Menschen, welchen ich im Laufe meines Lebens begegnete, hatten hingegen nur das Nötigste. Sie lebten in überaus bescheidenen Verhältnissen, waren jedoch stets froh und glücklich. Dieser augenscheinliche Gegensatz resultiert aufgrund der Tatsache, dass sich diese Menschen auf das konzentrieren, was sie haben und nicht auf das, was sie nicht besitzen. Diese Menschen sind es, die ihr Glas als halb voll betrachten und leben damit auch glücklicher und zufriedener als Menschen, die ihr Glas als halb leer ansehen. Dazu die folgende kleine *Geschichte*:

Ein Lehrer begann den Anfang seiner Lehrveranstaltung, indem er ein Glas mit etwas Wasser hochhielt. Er hielt es für alle sichtbar und fragte die Schüler: *„Wie viel wiegt dieses Glas wohl?" „50 g!"* .... *„100g!"* ..... *„125g"*, antworteten die Schüler. *„Ich weiß es wirklich nicht, solange ich es nicht wiege"*, sagte der Lehrer. *„Aber meine andere Frage ist: Was würde passieren, wenn ich es ein paar Minuten so halten würde?" „Nichts"* .... sagten die Schüler.

„Ok, was würde passieren, wenn ich es eine Stunde lang so halten würde?", fragte der Lehrer. *„Ihr Arm würde anfangen zu schmerzen"*, sagte einer der Schüler. *„Du hast recht. Was würde jetzt passieren, wenn ich es einen Tag lang halten würde?" „Ihr Arm könnte taub werden, Sie könnten starke Muskelzerrungen und Lähmungen haben und müssten auf jeden Fall ins Krankenhaus!"* ... wagte ein anderer der Schüler zu sagen und die gesamte Klasse begann zu lachen... *„Sehr gut, aber hat sich während all dem das Gewicht des Glases geändert?"*, fragte der Lehrer. *„Nein"* .... War die Antwort.

„Was verursachte dann den Armschmerz und die Muskelzerrungen?" Die Schüler waren verwirrt. *„Was soll ich jetzt tun, um die Schmerzen wieder loszuwerden?"*, fragte der Lehrer erneut. *„<u>Stellen Sie einfach das Glas ab!</u>"*, sagte einer der Schüler. *„Genau!"*, sagte der Lehrer.

Die Probleme des Lebens verhalten sich auf die gleiche Weise. Behalten Sie diese für ein paar Minuten in Ihrem Kopf und sie scheinen in Ordnung zu sein. Denken Sie lange an sie und sie beginnen zu schmerzen. Halten Sie die Probleme noch länger in Ihrem Kopf und sie beginnen Sie zu *lähmen*. Sie werden nichts tun können. Es ist wichtig, an die Herausforderungen oder Probleme in Ihrem Leben zu denken. Aber noch wichtiger ist es Ihre Probleme einfach *„loszulassen und hinzulegen"* – vor allem am Ende eines jeden Tages, bevor Sie schlafen gehen. Auf diese Weise sind Sie nicht gestresst, Sie wachen jeden Tag frisch und stark auf und können jedes Problem bewältigen, jede Herausforderung, die Ihnen in den Weg kommt! Also, wenn Sie heute Ihre Tätigkeiten beenden oder Ihr Unternehmen verlassen, erinnern Sie sich an diese kleine Geschichte und *„Stellen Sie einfach das Glas ab"*, legen Sie alles hin und lassen Sie einfach los.

Menschen die ihr Glas (= *„Leben"*) als halb voll betrachten, leben damit glücklicher, zufriedener und empfinden mehr Freude als Menschen, die ihr Glas als halb leer ansehen. Jeder Mensch zieht ein anderes Los in seinem Leben, aber machen Sie sich nichts vor und seien Sie sich bewusst, dass Besitztümer wie Autos, Immobilien und andere Dinge, entgegen langläufigen Annahmen, für Ihr Glück irrelevant sind. Allein Ihre Einstellung (wie das eben erläuterte halb leere oder halb volle Glas) bestimmt, wie erfolgreich und glücklich Sie sind. Egal, was Ihnen in Ihrem Leben widerfährt, es gibt viele Wege zum Glück, aber Sie werden eher Erfolg und Glück haben, wenn Sie eine entsprechende Einstellung an den Tag legen und Verantwortung für Ihre Entscheidungen übernehmen – beklagen Sie sich folglich nicht über Umstände, welche außerhalb Ihres Einflussbereichs liegen. Konkret soll das heißen: Für Ihr Glück ist nicht so wichtig, wie hart Sie das Leben trifft, viel wichtiger ist Ihre Einstellung zum Leben. Ihre Einstellung zum Leben bestimmt, ob Sie Ihr Glück finden. Wir brauchen folglich nicht ein größeres Auto, ein neues Haus oder die neusten Modetrends, sondern müssen einzig und allein unsere Einstellung ändern – und dafür auch Verantwortung übernehmen. Um das zu erreichen, achten Sie auf die Art und Weise, wie Sie etwas beurteilen, auf Ihre Prinzipien, Grundsätze und Worte, aber erwarten Sie nicht, dass andere dies tun. Sie können gut zu Menschen sein, aber gehen Sie nicht davon aus, dass Menschen gut zu Ihnen sind. Wenn Sie dies verstehen, werden Sie keine unnötigen Probleme haben. Das Leben ist kurz. Wenn Sie heute Ihr Leben verschwenden, werden Sie morgen feststellen, dass das Leben Sie verlässt. Je früher Sie Ihr Leben schätzen, desto intensiver genießen Sie das Leben. Egal wie viel Zeit Sie mit Ihren Freunden, Ihrer Familie oder anderen Menschen haben, schätzen Sie die Zeit, die Sie zusammen sind. Sie wissen nicht, ob Sie sie in Ihrem nächsten Leben wiedersehen werden.

Entspannt glückliches Leben und von jedem lernen

Menschen, die in der Gegenwart leben, haben immer Zeit für die wichtigste Zeit, den Augenblick.

— Ernst Ferstl

Glück – je mehr wir versuchen, daraus eine Formel zu machen, desto weiter sind wir vom *wahren Glück* entfernt. Wir alle geben dem Glück die unterschiedlichsten Bedeutungen. Freude, Verlobung und Heirat, Lebenszufriedenheit, Bewegung, Religion und Spiritualität. Es zeigt sich jedoch ganz allgemein, dass niedrige Erwartungen Ihr Glück erhöhen. Glück hängt nicht unmittelbar mit Wohlstand zusammen, weil die Erwartungen der Menschen mit ihrem Einkommen steigen. Mit dem Alter verhält es sich ähnlich. Ich war immer der Auffassung, dass man von jedem lernen kann. Wie man es machen soll oder auch nicht machen soll – so auch von Kindern. Unsere Fähigkeit, von einfachen Dingen beeindruckt zu sein, erreicht ihren Höhepunkt im Alter von etwa sieben Jahren. Einjährige haben nicht viel von der Welt gesehen, daher sind ihre Erwartungen sehr niedrig – das bedeutet, dass sie einen Großteil ihrer Tage damit verbringen, sich in einem Zustand purer Glückseligkeit um den Verstand zu bringen. So würde das Betätigen der Toilettenspülung einem Kleinkind ein solch hohes Maß an Glück einbringen, wie es ein durchschnittlicher Erwachsener wahrscheinlich einmal im Jahr erlebt. Wie kann man Kinder nicht beneiden? Alles ist viel erstaunlicher, wenn Sie sehr wenig erwarten.

Kleinkinder kommunizieren sehr früh. Sie mögen noch nicht einmal sprechen können, dennoch kommunizieren sie effektiver als viele Führungskräfte. Sie reden auch nicht um den heißen Brei herum. Wenn sie etwas wollen, sagen sie es Ihnen – laut und sofort. Wenn sie unglücklich sind, lassen sie es Sie wissen. Wenn sie mit etwas fertig sind, lassen sie es fallen und gehen weg. Zu viele Gespräche mit Erwachsenen ziehen sich über Wochen oder Monate hin, bevor eine Person wirklich sagt, was sie will. Wünsche, Gefühle und Vorhaben verlaufen so häufig im Sand. Kinder können ebenso den ganzen Tag damit verbringen zu experimentieren und etwas Neues auszuprobieren, weil sie unempfindlich gegen Verlegenheit sind. Es ist ihnen egal, ob sie lächerlich aussehen. Es macht ihnen nichts aus, wenn sie von anderen weniger gut beurteilt werden. Sie haben keine Angst vor dem Scheitern. Tausend Menschen könnten sehen, wie ein Kind ohne Kleidung ausrutscht und dennoch würde es nicht in Verlegenheit geraten. Es ist schwer vorstellbar, dies als Vorteil anzusehen – keine Angst zu haben, *„dumm"* auszusehen. Wenn Sie kontinuierlich lernen möchten, ist es dennoch von Vorteil. Wenige Menschen können das – Kleinkinder bekommen das jedoch hin. Genauso wie Kleinkinder alles Mögliche verärgern kann, erholen sie sich davon erstaunlich schnell wieder und machen dann dort weiter, wo sie aufgehört haben. Erwachsene hingegen leben jahrelang in verfahrenen Situationen, oft aus keinem anderen Grund als ihren eigenen Unsicherheiten. Kleinkinder hegen keinen Groll. Sie vergeben, vergessen und vor allem sorgen sie sich um nichts. Es ist somit anzuraten hinter sich zu lassen, was war und dort fortzufahren wo man ist – ohne Sorgen, Groll und Zorn. Bedenken Sie, dass Sie nicht ändern können, was passiert ist. So können Sie einfacher bewerkstelligen, das Leben ziemlich sorgenfrei zu gestalten. Manche Menschen lernen es auf dem harten Weg: Wenn Sie nichts gegen eine Situation unternehmen können, werden auch Sorgen nichts daran ändern. Wenn Sie keine Zeit für Sorgen haben und zu beschäftigt sind, um sich Sorgen zu machen, werden diese schnell die Lust verlieren und von sich aus verschwinden. Kinder sind erstaunlich gut darin, beschäftigt zu sein und sich nicht zu sorgen. Kinder sind faszinierend und Elternschaft kann eine demütigende und gleichzeitig inspirierende Erfahrung sein. Kinder sind frei von sozialem Druck und Vorurteilen, die Erwachsene dazu bringen, auf seltsame, unproduktive Weise zu denken, welche sie davon abhält zu wissen, was sie eigentlich wollen.

Die unterschiedlichen Bedeutungen (u.a. Freude, Verlobung und Heirat, Lebenszufriedenheit und Religion usw.), welche wir dem Glück beimessen, werden in der Wissenschaft als „*subjektives Wohlbefinden*" bezeichnet. Dazu können Lebensbereiche wie Arbeit, Familie, Freunde, spirituelle Zufriedenheit und Kontrolle über das Leben gehören. Individuell können Sie folglich zu einem gewissen Grad sagen, was Glück für Sie bedeutet. Dennoch gibt es einen breiten wissenschaftlichen *Konsens* vom *Glück* und dieser bringt einige nützliche Lektionen mit sich. Es zeigt sich, dass viele unterschiedliche Faktoren auf unser Glücksempfinden einwirken. *Erstens* zählen Ihre Lebensentscheidungen und Verhaltensweisen zu diesen Faktoren. *Zweitens* sind persönliche Lebensumstände – Dinge wie die Deckung Ihrer Bedürfnisse und Gesundheit – von Bedeutung. *Drittens* spielen Ihr Temperament und Ihre Persönlichkeit eine Rolle. Der erste Punkt – Lebensentscheidungen und Verhaltensweisen – ist der wichtigste Faktor. Der zweite Punkt – persönliche Lebensumstände – ist der unwichtigste Faktor für Ihr individuelles Glücksempfinden. Sicherlich würde die Befreiung der Menschen aus der Armut hin zu weniger Mittellosigkeit das Wohlbefinden nachhaltig, langfristig steigern. Aber die meisten Menschen denken, wenn ich nur dieses neue Haus, Auto oder sonstige Ding hätte, wäre ich so viel glücklicher. Dem ungeachtet zeigen Untersuchungen, dass es lediglich einen kurzfristigen glücklichen „Schub" mit einem neuen Auto, einem neuen Haus oder einem neuen liebevollen Partner gibt.

Die Träume von einem segensreicheren Leben sind es, welche die Menschen an Kummer, Leid und Elend fesseln. Was das bedeutet können wir im täglichen Leben beobachten. Sie kennen sicher einige Bekannte, Verwandte, Kollegen und Freunde, welche sich nach ihrer Ausbildung und einigen Jahren Berufserfahrung zum Ziel setzten, ordentlich Ersparnisse anzusammeln, um danach nicht mehr im Hamsterrad gefangen zu sein und so ihren wirklichen Leidenschaften und Lebenszielen nachgehen zu können. Nur um dann zu sehen, dass die Jahre verstreichen und sie weitere Jahre anhängen, um sich gediegene Ausbildungen für die Kinder, Karossen und Eigenheime leisten zu können. Anstatt sich den eigentlichen Interessen zu widmen, schuften sich die Menschen von einem Karriereschritt zum nächsten und verlieren dabei ihre eigentlichen Bestrebungen aus den Augen. Diesen Kreislauf zu durchbrechen und sich vom „*Joch*" des geglaubten „*segensreichen*" Lebens zu befreien, fällt schwer, da es sich immer wieder zeigt, dass es nahezu unveränderlich ist von einer gewohnten (kostspieligen) Lebensführung, wieder auf den „*normalen*" Pfad zu gelangen. Einmal gewählte Anschaffungen werden schneller zur Notwendigkeit als man denken mag und schaffen wiederum Zwänge, die zur Selbstverständlichkeit für die Menschen werden. Nach einiger Zeit wird das Neue zur Norm und unser Glücksempfinden fällt auf das zurück, was es ursprünglich war. Man spricht dann von der „*Hedonistischen Tretmühle*". Beobachtungen glücklicher Menschen zeigen immer wieder, dass Glück nicht dadurch entsteht, dass wir etwas bekommen, was wir nicht haben, sondern dass wir erkennen und zu schätzen wissen, was wir bereits haben. Anders formuliert: Glück wird am besten mit Hilfe der Art und Weise verfolgt, indem man das Möglichste aus der Gegenwart herausholt, bevor man seine Aufmerksamkeit auf die Zukunft richtet. Einige würden dies Achtsamkeit oder im „*Flow*" (im Moment) zu leben nennen.

Etwas anders verhält es sich mit den bereits erläuterten Verhaltensweisen und Lebensentscheidungen (erster Faktor für das Glücksempfinden). Das Gute an diesen ist, dass sie größtenteils unter unserer Kontrolle stehen und sich überschneiden. Spontanität, Dankbarkeit ausdrücken, Vergeben, Spiritualität und Religion, Sport, Freundlichkeit, zwischenmenschliche Beziehungen, Dinge für andere tun, Mitgefühl, sich gänzlich einer Aufgabe zu widmen. Sie können durch solch eine Herangehensweise Fallstricke Ihres eigenen Denkens, wodurch wir uns schlecht fühlen, verhindern. Das Aufzählen und Auflisten Ihrer erfahrenen glücklichen Umstände und wofür Sie dankbar sind kann ebenso helfen. Studien zeigen, wenn Sie das einmal pro Woche tun, dies zu einem höheren Glücksempfinden beitragen kann – machen Sie es jedoch noch häufiger, etwa zwei oder dreimal pro Woche, erreichen Sie damit aber auch nicht mehr für Ihr Wohlbefinden. Sehen Sie es so: Wenn Sie etwas Ihrer Meinung nach Schönes kaufen wollen, dann entscheiden Sie sich dafür. Es könnte Ihnen sogar kurzfristig zu einem glücklichen „*Schub*" verhelfen. Aber vielleicht sollten Sie auch in ein paar Dinge „*investieren*", die längerfristiger wirken. Sie haben vielleicht einen vorgegebenen zu erreichenden Sollwert für Ihr Glücksempfinden, aber genau wie Ihr Risiko für chronische und altersbedingte Erkrankungen können Sie diesen Wert stark ändern, indem Sie die Dinge anders machen – beispielsweise sich weniger über die Fehler anderer Menschen ärgern. So heißt es in *Kohelet 7,3*: „*Besser sich ärgern als lachen; denn bei einem vergrämten Gesicht wird das Herz heiter.*" Dies soll darauf hinweisen, an bessere vergangene als auch zukünftige Tage zu denken. Gleichzeitig kann in den „*Raum*" gestellt werden, dass sich ärgern bedeutet, für die Fehler anderer Menschen zu leiden. Der Begründer des Buddhismus, *Siddhartha Gautama* (allgemein als Buddha bezeichnet), war der Ansicht, dass Groll, Ärger und Zorn zu hegen und daran festzuhalten in etwa so sei, als würde jemand Gift trinken in der Hoffnung, dass der andere stirbt. Bedenken Sie dies, denn das kann Sie vor viel Ärger und negativen Gefühlen schützen. Versäumnisse, Fehler und Risiken Ihrer Zeitgenossen sollten Sie so sehr interessieren wie ein leerer Schiffscontainer auf dem Weg von China nach Neuengland, der auf halber Fahrt kehrtmacht – nämlich gar nicht. Parallel dazu führen Sie sich vor Augen, dass Sie Fehler, Risiken, schwierige Aufgabenstellungen und Herausforderungen in Ihrem Leben verdienen, da diese Sie der Wertung bzw. dem Urteil Ihrer Handlungsweisen, Gefühle und Worte näherbringen. Die schwierigen Umstände des Lebens sind es, welche zur Umkehr bewegen, um „*Jetzt*" das zu tun, was Sie sonst erst in ferner Zukunft bewerkstelligen würden.

Seien Sie Sie selbst und leben Sie Ihr Leben – nicht das Leben der anderen

Mich hat noch nie gekümmert, was die Leute sagen. Denn vor schnellen Urteilen muss man sich immer in Acht nehmen.
– Lotte Tobisch

Es gibt eine wesentliche Fähigkeit *sich selbst treu zu sein* von der viele gar nicht wissen. Demnach sind wir entweder unseren Werten, Gefühlen und unserem *innersten Wesen treu* und im Einklang mit uns selbst oder aber wir sind wie *Wellen im Meer* – haltlos, hin- und weggerissen und versuchen ständig zu beeindrucken. Ein *Opportunist*, der seine Überzeugungen schnell ändert, wenn er dadurch einen Vorteil erringt (ähnlich dem eines gesellschaftlichen „Chamäleons"), würde nicht nach seinen innersten moralischen Werten handeln und sich folglich selbst „*übergehen*". Besitzt man jedoch die Fähigkeit seiner selbst zu sein und nach seinen Überzeugungen zu handeln, so kann es schon mal notwendig sein, *Menschen reinen Wein einzuschenken*. Sprechen Sie aus, was Sie denken, dadurch gewinnen Sie an Klarheit und entziehen Gerüchten ihren Boden. Zu direkte Worte, die Ihre Mitmenschen verletzen, sind jedoch ebenso nicht angebracht, wenn Ihre Worte mit den besten Absichten verletzen und Ihre Zeitgenossen nicht weiterbringen. Dann haben Sie über Ihr Ziel hinausgeschossen, denn diese Person würde mitunter eine kleine Unwahrheit gebrauchen. Andere Menschen herabzuwürdigen oder zu verletzen sollte vermieden werden, um nicht Leid über sie zu bringen und kein negatives Klima über zwischenmenschliche Beziehungen herbeizuführen. Im Normalfall ist die Wahrheit jedoch wohltuend, wenngleich man diese auch mal in direkte Worte fassen muss.

Dennoch schweigen wir zumeist und übersehen dabei, dass wir uns unbewusst Chancen verbauen. Ganz egal aus welchen Gründen wir auch immer Belastendes nicht zur Sprache bringen, wenn wir nicht fragen, haben wir als Antwort unvermeidlich ein „*Nein*". Manchmal müssen Sie nur fragen und es kann dazu führen, dass all Ihre Träume wahr werden. Wir denken meist zu viel, auf falsche Weise und machen uns viel zu viele Gedanken, was nicht alles passieren könnte, wenn wir offen mit unserem Gegenüber reden. Dabei kommt es zumeist anders, als man denkt und unsere Mitmenschen sind uns dankbar, wenn wir uns Ihnen gegenüber mitteilen. Das bedeutet: Geben Sie nicht klein bei und verbiegen Sie sich nicht. Seien Sie vielmehr davon überzeugt, dass Sie als Mensch so richtig sind, wie Sie nun mal sind – wenngleich Sie über einige Laster, Mängel, Fehler und Eigentümlichkeiten verfügen. Es braucht Ihnen keinen Anlass zur Sorge bereiten, dass andere ein schlechtes Bild von Ihnen zeichnen oder Sie eben nicht im strahlend positiven Lichte sehen. Sagen Sie sich dann einfach: Was andere von mir denken, ist ihr Problem und nicht meines. Also: Kein Trübsal blasen, denn es ist weithin bekannt, dass Menschen mit einem hohen Glauben an sich selbst und in ihre Fähigkeiten über mehr Zufriedenheit, Erfolg und Ausdauer verfügen.

Schon häufig hörte ich Menschen sagen: *„Der Unterschied zwischen Menschen, die es zu etwas bringen und anderen ist, dass die, die es zu etwas bringen zu fast allem Nein sagen."* Nun, dies unterstellt einen gewissen Eigennutz und soweit zu gehen, das bleibt nun jedem selber überlassen. Gutgläubige Menschen möchten es jedoch vielen recht machen und haben damit Schwierigkeiten *Nein* zu sagen. Häufig ist dies mit ständigen Hilfestellungen und einer hohen Hilfsbereitschaft verbunden – um von möglichst vielen gemocht zu werden. Das macht jedoch den anderen Menschen glaubhaft, dass sie ihre Probleme nicht eigenständig lösen müssen – und schnell fühlt sich jemand ausgenutzt.

Es allen recht machen zu wollen, hat noch weitere in uns verwurzelte Gründe. Ein *niedriges Selbstwertgefühl* ist Hauptverursacher dafür, wenn wir glauben nicht wertvoll genug für andere zu sein – und wir uns selbst für andere vernachlässigen. Häufig steht das in Verbindung mit einem negativen Bild von uns selbst, welches uns dazu verleitet die Anerkennung anderer zu suchen. Tief in uns steckt das evolutionäre Bedürfnis nach dieser *Anerkennung* – und *gegen Ausgrenzung*. Unsere Verhaltensweisen werden so ständig an Erwartungen anderer angepasst, obwohl wir das erst gar nicht wollen. Wir entscheiden uns für bestimmte Projekte, Berufe oder Freizeitaktivitäten, ob wir das wirklich möchten oder nicht – wir wollen aber anderen entsprechen und dazugehören. Unsere tiefe innere Prägung ist vielmehr von unserem direkten Umfeld, wie Eltern und anderen Verwandten abhängig, als vom allgemeinen gesellschaftlichen Umfeld. Diese direkte Abhängigkeit von unseren Eltern, die Zuneigung und Fürsorge auf die wir im Kindesalter angewiesen sind, führt dazu unsere Eltern immer in den Vordergrund zu stellen und alles zu tun, um diese zufriedenzustellen. So übernehmen wir von diesen Glaubensansätze (wie: „*Ich bin nur liebenswürdig, wenn ich dauerhafte Hilfsbereitschaft anbiete*"), ohne dass uns dies bewusst ist – das alles ist jedoch auch auf unsere *Erziehung* zurückzuführen und viele Menschen richten sich danach noch heute. Ohne Frage sind Hilfsbereitschaft, Liebenswürdigkeit und Freundlichkeit edle Eigenschaften eines Menschen, welche eben in sozialen Gemeinschaften und Beziehungen erforderlich sind, um gut mit anderen in unserer Gesellschaft zurechtzukommen. Partnerschaften und Freundschaften erfordern Kompromisse und die Notwendigkeit andere in Lösungsmöglichkeiten einzubeziehen. Einmal nicht seine eigene Meinung stur durchsetzen und die Freundin entscheiden lassen, wie wir den Tag verbringen, ist nicht verkehrt. Aber wenn wir unsere eigenen Bedürfnisse immer hintenanstellen und ständig auf eigene Kosten handeln, dann kann einen dies teuer zu stehen kommen. Daraus resultieren *mangelnder Respekt* gegenüber der eigenen Person und ein *negatives Selbstbild*, welches ohnehin in den meisten Fällen bereits angekratzt sein dürfte. Nicht nur leidet das eigene Selbstbildnis unter diesen Verhaltensweisen, sondern Sie lassen zu, dass Ihr Umfeld sich darauf einstellen wird, Dinge auf Sie „*abzuwälzen*". Wenn man sich selbstlos aufopfert, immer „*Ja*" sagt und alles für alle und jeden tut, merken Menschen das geringe Selbstwertgefühl, die Unsicherheit der Person und die Angst vor Ausgrenzung und Ablehnung – es ist ähnlich wie mit den eingangs erläuterten sozialen „*Chamäleons*", welche nur selten „*reinen Tisch*" machen. Hinzu kommen *Stress* und *Erschöpfung*, wenn unsere Seele und unser Körper nicht mehr mitspielen. Nach außen hin läuft alles wie geschmiert, unsere innere Fassade glänzt jedoch nicht mehr wie es scheint und so geben wir vor Dinge zu mögen, die wir nicht wirklich mögen. Daraus resultiert *Unzufriedenheit*, an welcher der perfide Umstand anhaftet, dass wir, so sehr wir es auch versuchen mögen, es ohnehin nie allen recht machen können. Man tut so viel

man kann und wickelt den Kollegen zu liebe einen weiteren Auftrag ab, nur um festzustellen, dass Freunde davon nicht begeistert sind, da man für diese dann nicht die gewünschte Zeit zur Verfügung hat. Die Fassade möglichst lange aufrechtzuerhalten und eigene Bedürfnisse nach hinten zu stellen, ist heute weiter verbreitet, als so manch einer glauben möchte. Unzufriedenheit und ein negatives Selbstbild sind vorprogrammiert und führen neben erfahrenem Leid dazu, dass man selbst zu kurz kommt. Dies ist jedoch nicht mit mangelnder Nächstenliebe gleichzusetzen, sondern mit ungenügender Fürsorge für sich selbst. Anderen zu helfen, ist ohne Frage wichtig, man sollte es jedoch nicht überstrapazieren. Das gilt sowohl dem eigenen Schutz, als auch der Person, welcher geholfen wird. Häufig verleitet dies Personen, welche Hilfe erfahren, zu glauben, sich immer auf andere verlassen zu können und ihre eigenen Probleme nicht selbst lösen zu müssen. Sich für andere Menschen aufzuopfern, um ein gutes Herz zu zeigen, heißt sich selbst nicht zu respektieren. Kümmern Sie sich deshalb mehr um sich selbst, Ihre Zufriedenheit, Ihre Ziele, Ihr Selbstbewusstsein und Ihr Glück. Dadurch können Sie all das Gute, das Ihnen widerfährt, mit Menschen teilen, welche Ihnen nahestehen, am Herzen liegen und auch selbst wiederum zu Ihrem Glück beitragen. So geben Sie nicht lediglich etwas Gutes an diese Menschen weiter, sondern Sie entwickeln sich selbst zu einem besseren Menschen.
Leider leben wir jedoch in einer Gesellschaft, in welcher immer mehr Menschen mit sich selbst nicht zufrieden

sind. Viele Menschen sind tief in ihrem Inneren „*zerrissen*" und mögen sich selbst nicht. Die logische Konsequenz daraus ist, dass sie auch mit ihrem Leben und mit anderen Menschen in ihrer Umgebung nicht zufrieden sind. ‚Ich bin zu alt', ‚zu hässlich', ‚zu dick', ‚zu dünn' – wenn das Ihre „*Mantras*" sind, so werden Sie nicht mit Ihrem Leben zufrieden sein. Aber wie am besten eine bessere Einstellung zum Leben gewinnen? Zum einen sollten Sie sich darüber im Klaren sein, dies alleine zu lösen. Der größte Fehler, den Sie machen können, ist sich mit anderen Menschen auf die Suche zu begeben, wer oder was man wirklich ist. Sie müssen das schon selber herausfinden, denn jeder trägt seine eigenen Vorurteile mit sich herum – auch Ihr engster Kreis an Mitmenschen. **Zum anderen können Sie sich der *Affirmation* bedienen.** Die Affirmation ist eine wertende Eigenschaft mit der Bejahungen, Zustimmungen, positive Charakteristika oder Zuordnungen beschrieben werden können. Vereinfacht ausgedrückt bedeutet dies, dass eine Aussage, Handlung oder Situation positiv bewertet wird. So kann eine positive Affirmation beispielsweise sein: „*Es geht mir jeden Tag besser, da ich ein glücklicher, intelligenter und herzerfüllter Mensch bin.*" Da Sie das nun wissen, erkennen Sie auch, dass sich unsere negativen Überzeugungen genauso entwickeln. Leider bemerken dies die meisten Menschen erst gar nicht, finden sich in einer „*Abwärtsspirale*" wieder und sagen sich diese negativen Dinge so lange, bis sie diese selbst glauben – auch wenn sie erst gar nicht zutreffen.

Selbsterkenntnis ist eines der edelsten Güter, welches Menschen erreichen können. Grenzen, Einschränkungen, Hindernisse und andere Dinge, welche Menschen uns in den Weg legen, all das zählt nicht, wenn Sie sich selbst erkannt haben – dann haben Sie eine Freiheit erlangt, welche nur sehr wenige Menschen jemals erreichen. Glauben Sie, Sie würden mit 70 Jahren noch einen Marathon laufen oder eine andere neue Sportart beginnen, würden Sie auf andere Menschen hören? Mitnichten. Wenn ich in meinem Leben immer nur auf andere Menschen gehört hätte, so hätte ich längst das Zeitliche gesegnet. Deshalb sollten Sie sich immer in Erinnerung rufen, wenn Menschen Sie in Ihrem Vorankommen einschüchtern oder „*decken*" möchten, so tun als wären sie Ihre Freunde aber es in Wirklichkeit nicht sind oder Ihnen gefühllos, geringschätzend oder abweisend entgegentreten, so zeigt das lediglich die gepeinigten Geister derjenigen, welche diese Abfälligkeiten von sich geben.

Verzeihen ist deshalb so wichtig, da es hilft mit Feindseligkeiten, Grausamkeiten und Kränkungen, die einem widerfahren, besser zurechtzukommen. Menschen verurteilen sich für ihre Vergehen zumeist selbst und ihr „*innerer Richter*" bestraft sie dafür härter als jedes weltliche Gericht. Die beste Art sich in Vergeltung zu üben ist daher, es dem Beleidiger oder Verursacher unheilvoller Taten nicht gleichzutun. Wenn wir dem Zorn nachgeben, schaden wir uns ganz sicher selbst. Wir tun damit unserem Gemütszustand nichts Gutes, schlafen schlecht und setzen uns dadurch einen grimmigen Blick auf. Nicht nur, dass unser innerer Frieden deshalb leidet, entfremden wir uns so immer mehr von Freunden und Besuchern und wir machen das Leben für unsere Mitmenschen nicht einfacher. Zornig und wütend zu sein, hat folglich keinen *Sinn* für Sie. Wenn Sie daran festhalten, dass jeder einmal für seine Übel- und Schandtaten zur Rechenschaft gezogen wird – in diesem oder im nächsten Leben – fällt es Ihnen leichter Zorn, Groll und Hass nicht länger mit sich tragen zu müssen. Dieses Gesetz von *Ursache* und *Wirkung* ist so alt wie die Menschheit und es existiert in allen 5 Weltreligionen. Sie mögen nicht immer sofort recht behalten und rasche Befriedigung daraus ziehen, aber es hilft Ihnen und Sie werden dadurch mehr Glück und Freude erfahren.

Erfolg(-reich), Ruhm und Ehre

Unglück macht Menschen. Wohlstand macht Ungeheuer.
– Victor Hugo

Was nur ist es für die Menschen, was sie erlangen möchten, worin sie ihr Glück finden und wonach es sich zu streben lohnt? Sind es *Ruhm* und *Ehre*, um unvergessen zu bleiben? Denken wir an einst geniale oder auch abscheuliche Gestalten, welchen Namen wie *François de Sade*, *Cato* oder *Carl Ludwig Johann* zugeordnet werden können. So wie diese und andere Namen gibt es eine nicht enden wollende Anzahl an Wörtern und Dingen, die einst gebraucht wurden, nun jedoch in Vergessenheit gerieten. Legenden, Mythen, Sagen – sie alle haben eines gemeinsam, nämlich dass sie im „*Nichts*" versinken. Viel robuster als *Ruhm* und *Ehre* ist da schon ein geistig-seelischer Zustand, der alles was Ihnen widerfährt, als notwendiges Gut erachtet, welches einer Naht entspringt, die nicht mehr zu finden ist. Dazu gehört auch im Einklang mit seinen wahren Überzeugungen und Gefühlen zu stehen und ein Leben nicht lediglich für sich zu leben, sondern auch jenes anderer Menschen zu verbessern. Dies soll Sie daran erinnern, ein Leben in Fülle zu leben und nicht nach Ruhm und Ehre zu streben. Ruhm und Ehre sind leere Floskeln, da das Andenken an die Menschen, deren Antlitz einst so hell leuchtete und als „*unverwundbar*" galt, doch wieder in Vergessenheit geriet. Unvergessenheit mag ein Ziel oder ein Zustand sein, für den es sich auf den ersten Blick zu kämpfen lohnt. Aber sobald sie tot sind, erlischt das Licht, als wären sie nie da gewesen, als wären sie nie unter uns verweilt.

Warum dann das Streben nach gesetzten Zielen, nach Erfolg, Anerkennung und Achtung? Von *Marie von Ebner-Eschenbach* entstammt das Zitat, nach welchem *„der sich nicht arm nennen soll, dessen Träume nicht in Erfüllung gegangen sind. Wirklich arm ist nur, wer nie geträumt hat."* Sie verweist auf die Wichtigkeit von „*Träumen*", auch wenn diese erst gar nicht eintreten müssen. Dennoch sind hierzu Ziele und ein geplantes Vorgehen erforderlich. Jeder Mensch hat andere Ziele, Träume und Wünsche nach wahrem Glück und Erfolg. Wir haben diesbezüglich nicht nur unterschiedliche Auffassungen, sondern auch andere Ansprüche daran und stellen uns darunter ebenso etwas anderes vor. So unterschiedlich die Herangehensweisen und das Verständnis dieser Begrifflichkeiten auch sein mögen, wir suchen die Wege dorthin auf verschiedene Art und Weise. Ob wir nun versuchen Vorbildern nachzueifern, um einmal in denselben „*Schuhen*" wie diese zu stecken oder wir Dinge immer wieder probieren, bis sie letztlich funktionieren oder wir nur von Wünschen getrieben werden, ohne diese je in die Realität umzusetzen. Menschen, welche letztere Vorgehensweise wählen, warten zumeist ihr Leben lang auf das wahre Glück in der Hoffnung, dass es ihnen eines Tages in den „*Schoß*" fallen mag. Eine sehr wichtige Entscheidung, welche Sie in Ihrem Leben deshalb treffen können und mit der Sie Ihr Glück langfristig sichern, ist, dass zu tun was Sie lieben. Häufig ist es das Einzige, was Sie am Laufen hält. Finden Sie das, was Sie lieben und machen Sie sich alles zunutze, was Ihnen Ihr Leben derzeit bietet. Ihre Arbeit wird einen großen Teil Ihres Lebens ausfüllen und der einzige Weg, wirklich zufrieden damit zu sein, besteht darin, das zu tun, was Sie für hervorragende Arbeit halten, Erfolg dabei zu haben und glücklich dadurch zu sein. Wenn Sie dies noch nicht gefunden haben, suchen Sie weiter und geben Sie sich nicht mit weniger zufrieden. Wenn Sie sich an die folgenden <u>*6 Schritte*</u> halten und diese immer wieder anwenden, wird Ihnen dies besser gelingen:

(1) Zunächst müssen Sie (mutige) Ziele haben und diese entwickeln – klar entscheiden was Sie wirklich erreichen wollen. Wenn Sie es noch nicht wissen, dann probieren

Sie einfach. *(II)* Sie müssen gewillt sein, tatkräftig die notwendigen Maßnahmen zu ergreifen und sich darüber bewusst sein, welche Methoden sich als wirksam und welche sich als unwirksam erweisen. *(III)* Wenn Sie Ihre Ziele verfolgen, werden Sie auf Misserfolge und Fehler stoßen – folglich gilt es diese zu identifizieren und Sie dürfen diese nicht dulden. *(IV)* Die Grundursachen der Fehler und Misserfolge müssen diagnostiziert werden – Schwächen können bei Ihnen oder auch bei jedem anderen liegen. *(V)* Sobald Sie Fehler, Risiken und Schwächen identifiziert haben, entwerfen Sie Problemlösungsansätze, um dagegen vorzugehen. *(VI)* Bedienen Sie sich aller Hilfsmittel, welche das Leben Ihnen auf Ihrem Weg bietet, um die gewünschten Ergebnisse durchzusetzen.

Jeder, der seine Ziele, Träume und Wünsche nach wahrem Glück und Erfolg langfristig gesichert hat, hat diese _6 Schritte_ eingeleitet. Wenn Sie das immer und immer wieder tun, werden Sie unweigerlich das erreichen, was auch immer Sie zuwege bringen wollen. Sie benötigen dazu ein Maß an Entschlossenheit, denn wenn Sie sich an diese Schritte halten, werden Sie auf Probleme stoßen und Sie müssen lernen damit zurechtzukommen. Tun Sie das immer wieder und mit der nötigen Entschlossenheit, werden Sie unweigerlich Ihre Ziele, Träume und Wünsche erreichen.

Sie können das Ergebnis Ihres Ziels bzw. Vorhabens nicht kontrollieren, jedoch können Sie für die jeweilig anstehende Aufgabe, die Hingabe, den Aufwand und das Geben von 100 Prozent von sich selbst kontrollieren. Und was dann auch immer passieren möge, das passiert dann auch. Setzen Sie einen Fuß vor den anderen. Das hilft Ihnen und kann so Ihr ganzes Leben leiten. *Michael Jordan sagte einmal: „Ich habe in meinem Leben immer wieder versagt, und deshalb habe ich Erfolg."* Als Student hatte er es nicht in sein College-Basketballteam geschafft, jedoch nutze er dann seinen Fleiß und seine überdurchschnittliche Arbeitsmoral und Willenskraft, um der erfolgreichste Basketballspieler aller Zeiten zu werden. Dabei gilt es stets die eigene Integrität und Loyalität im Auge zu behalten. Nachhaltiger, langfristiger Erfolg beruht auf ehrenwerten Verhaltensweisen. Nicht zuletzt deshalb, da die Menschen dann eher gewillt sind einander zu vertrauen. Karrieren, welche auf Einschüchterung, Prahlen und unaufrichtigen Verhaltensweisen gebaut sind, stehen auf wackeligen Fundamenten und finden früher oder später ein jähes Ende. Es kann schon eine Weile dauern, aber letztendlich kommt dies zum Vorschein. Menschen von tiefer Integrität sind jene Menschen, welche langfristig Erfolg haben, ihren Weg gehen und auch in unsicheren Zeiten Halt finden.

Nun, Sie müssen schon handeln und Ihre Pläne und Vorhaben in die Realität umsetzen. Wir denken jedoch zumeist zu viel, auf falsche Weise, zögern und haben Angst davor Fehler oder Risiken zu begehen. Wir warten auf die beste Gelegenheit, in der Hoffnung sie ohne großes Zutun zu erhalten – während unser Leben und mit diesem die sich bietenden Gelegenheiten an uns vorbeiziehen. Das langfristige Glück, Ihre Ziele und Träume verwirklichen sich, wenn Sie Ihr Augenmerk auf die langfristige Perspektive ausrichten. Was heißt das konkret? Viele Probleme werden verkannt und nicht richtig gelöst, weil Menschen sich kurzfristigem Denken verschreiben: Zigarettenkonsum, üppiges Essen, Alkohol und mangelnder Sport mögen <u>kurzfristig</u> angenehmer sein (1. Konsequenz: Zeitersparnis, Genuss, weniger Schmerzen), aber <u>langfristig</u> führt es zu weniger wünschenswerten Begleiterscheinungen (2. Konsequenz: unzureichende Fitness, mangelnde Gesundheit, entsprechendes Erscheinungsbild). Menschen, die wählen, was sie wirklich wollen, sind sich dessen bewusst (sie denken in Entscheidungen 1., 2. oder 3. Ordnung), halten sich von Versuchungen fern und überwinden Hindernisse, welche sie von ihren Zielen abhalten.

Ihre Ziele, Träume und Ihr berufliches Vorankommen werden sich nicht immer gleich einstellen oder so entwickeln, wie Sie dies gerne hätten. Erfolg und Misserfolg ereilen Sie nicht über Nacht, aber es sind die kleinen Entscheidungen, die Ihnen entlang des Weges unterkommen und welche es mit Beharrlichkeit zu meistern gilt. Es ist jedoch nie zu spät und Sie werden immer die Möglichkeit haben, einen Neuanfang zu machen. Ihre Kunden, Kollegen, Freunde, Verwandte, Bekannte oder Geschäftspartner mögen abtrünnig geworden sein, zweierlei haben Sie jedoch niemals eingebüßt bzw. werden Sie erfahren: *(I)* Wer immer strebend sich bemüht (nach Goethes „*Faust*") wird früher oder später die Früchte seiner *Saat* ernten und *(II)* Sie sind um eine Erkenntnis reicher, die dafür Sorge trägt, dass Sie zukünftige Fehler und Risiken vermeiden.

Chester Barnard beschreibt es so, dass einen Versuch zu wagen und dabei zu scheitern zumindest einen Gewinn an Wissen und Erfahrung einbringt. Nichts riskieren bedeutet hingegen einen nicht abschätzbaren Verlust auf sich zu nehmen – den Verlust des Gewinns, den das Wagnis möglicherweise eingebracht hätte. Betrachten Sie den Augenblick Ihrer Niederlage als großes Geschenk (auch wenn es im Augenblick nicht so aussehen mag). Er schafft die nötige Gewissheit dafür, dass Sie zwei Dinge keinesfalls verlieren können: *(I)* Ihr geistiges Bewusstsein, welches immer frei ist und *(II)* dass Sie über die Kraft verfügen, dieses nach eigenem Ermessen, Gespür und Bedarf einzusetzen. Bei all den Zielen, Erfolgen, Misserfolgen und Träumen vergessen Sie eins nicht: Jeder Tag kann als verloren angesehen werden, an dessen Ende Sie rückblicken und feststellen, dass Sie an diesem Tag keine gute Tat erbracht haben. Eines der wohlwollendsten Dinge, die Sie für einen Menschen tun können, ist ihm Ihre Zeit, Achtung und Aufmerksamkeit zu schenken. Bereiten Sie jemandem Freude, sei es durch ein freundliches Wort, eine gute Tat oder ein kleines Geschenk. Das bewirkt in der überwiegenden Anzahl der Fälle, dass Ihre Tat und Sie nicht einfach vergessen werden – und vor allem *Dankbarkeit*. Jeder, der sich dies zum Grundsatz gemacht hat, weiß, dass man durch eine gute vollbrachte Tat genauso profitiert, wie derjenige, der den ursprünglichen „*Vorteil*" daraus zieht.

Entspannter, gelassener und unbekümmerter leben – der Schlüssel zum Glück

Herr, gib mir die Kraft, die Dinge zu ändern, die ich ändern kann, die Gelassenheit, das Unabänderliche zu ertragen und die Weisheit, zwischen diesen beiden Dingen die rechte Unterscheidung zu treffen.

– Franz von Assisi

Auch wenn wir uns darüber nicht immer bewusst sind, so verfügt jeder von uns über die Gabe weit vorauszudenken. Jedoch weiß niemand von uns, was in den nächsten Stunden, Tagen oder Wochen sicher passieren wird und das bereitet den Menschen Unsicherheit und Sorgen. Die Lösung könnte so einfach sein, wenn wir nur mehr im *Hier* und *Jetzt* leben würden. Das heißt nicht, sich dann und wann nicht auch einmal in Selbstreflexion zu üben – aber nur in Maßen, denn Sie wissen: Man kann einmal Widerfahrenes nicht wieder rückgängig machen. Deshalb zählt der Augenblick und nicht, dass Sie an bedrückende oder belastende Dinge oder Situationen denken. Und wenn Sie diese doch ereilen sollten: Sie können an jeder noch so misslichen oder festgefahrenen Lage etwas Gutes für sich erkennen. Es gibt nichts Schlechtes, in dem nicht auch ein Körnchen Gutes steckt. Mit dieser Einstellung kommen Sie mit alltäglichen Situationen besser zurecht und Sie wissen, dass nichts im Leben umsonst geschieht. Seien Sie entspannter, unbekümmerter und gelassener und sagen Sie sich, dass es nur langweilig wäre, bereits im

Vorfeld über den Ausgang des eigenen Lebens Bescheid zu wissen. Alles was Ihnen in Ihrem Leben widerfährt, kommt Ihnen früher oder später wieder zugute – auch wenn Sie nicht immer sofort den *Sinn* dahinter verstehen. Es ist nicht immer einfach, die Schicksalsschläge und Geschehnisse miteinander zu verbinden, wenn sich diese gerade ereignen, aber es wird Jahre später sehr viel klarer sein – nämlich, wenn Sie darauf zurückblicken.

Deshalb sollten Sie sich nicht im *Jetzt* um die *Zukunft* sorgen. Das hilft Ihnen weniger eingebildete Probleme zu haben, weniger ernst und mehr gelassen zu sein. Der Weg zu einem unbekümmerten Leben, frei von Sorgen und der Angst Fehler zu machen, liegt im Müßiggang und der Fähigkeit gelassener gegenüber sich und seinen Mitmenschen zu sein. Es mag den Anschein einer abgebrühten *Floskel* erwecken, aber die Menschen sind sich selbst nicht darüber im Klaren, dass jeder von uns nur dieses eine Leben auf dieser Welt hat und über besondere Bedürfnisse, Eigenschaften und Fähigkeiten verfügt. So verwundert es nicht, dass es keinen „*Heiligen Gral*" zu mehr *Gelassenheit* und *Muße* gibt. Dessen ungeachtet können sich einige Erfahrungen auch für Sie als nützlich erweisen. Dazu gehört: *(I)* Sich an alltäglichen Kleinigkeiten und Nebensächlichkeiten zu erfreuen und die kleinen Dinge im Alltag mit mehr Beschaulichkeit und Gelassenheit zu sehen, *(II)* großzügiger zu sein, *(III)* zu verstehen, dass manche Dinge im Leben einfach passieren, *(IV)* sich der positiven (als auch negativen) Wirkung der selbsterfüllenden Prophezeiung bewusst zu sein und positiv über sich selbst zu denken, *(V)* Ihre freudvollen Momente schriftlich niederzuschreiben, *(VI)* häufiger zu lachen und *(VII)* die Gemeinschaft gelassener Menschen zu suchen, denn Sie können dann selbst mehr entspannen. Dennoch sollten Sie Ihr Leben bewusst und mit allen *Sinnen* gestalten. Es hilft darauf zu vertrauen, dass Ihr Tun und Handeln richtig war und sich nicht mit anderen zu vergleichen – das führt zumeist nur zu Enttäuschungen. Manche Dinge obliegen dabei mehr dem Zufall und weniger der Beeinflussung, sodass Sie verstehen dort zu gestalten, wo Sie können und sich weniger ernst zu nehmen, wo Sie über geringere Einflussmöglichkeiten verfügen. Das Wissen um die eigene Bedeutungslosigkeit ist es auch, das hilft, damit Sie nicht nur leichter durchs Leben kommen, sondern Sie nehmen sich dadurch selbst weniger wichtig. Menschen mit großem Ego mag dies schwerfallen – aber es tut ihnen gut! So können Sie stets jeder Sache die positive Seite abgewinnen und Sie fallen auf die lustigere Hälfte des Lebens.

Das soll nicht heißen, dass Sie von allem Unheil verschont bleiben werden. Belastende Situationen, Fehler, Risiken und Probleme sind enorm wichtig, denn sie erfordern ein Umdenken und das bringt Sie weiter voran und zeigt neue Perspektiven auf. Wenn Sie Schwierigkeiten stets vermeiden, Sie diese niemals direkt angehen, dann treten Sie auf der Stelle und kleine Probleme können sich sehr schnell zu größeren „*mausern*". Je mehr Sie dabei an sich glauben und von sich überzeugt sind, desto besser können Sie dies meistern. Menschen mit einem starken Glauben an sich selbst, sind resilienter und verfügen über mehr Geduld und Beharrlichkeit. Lachen, Humor und stets die entspannte Seite des Lebens zu betrachten, sind allgemein sehr gute Mittel um mit den täglichen Strapazen des Lebens besser zurechtzukommen. Diejenigen, die lächeln sind es, die dem „*wahren Leben*" tatsächlich näher sind – dadurch stellt sich auch ein höheres Glücksempfinden ein. Wenn Sie zu hart mit sich selbst ins Gericht gehen und sich erst dann erlauben, glücklich zu sein, wenn Sie alle Fehler ausgemerzt und Probleme gelöst haben, werden Sie niemals wirklich glücklich sein. Die meisten Menschen hindert am Erreichen des Gefühls des Glücklichseins, dass sie sich die „*rosigste*" Zukunft ausmalen, aber gar nicht so richtig wissen, wie es nun mal ist, in der Gegenwart zu leben. Anstatt ihr Leben in der Gegenwart zu verbringen und es dort voll auszukosten, geben sie sich dem Gedankengang „*Wenn-Dann*" hin. Sie widmen sich unrealistischen Zukunftsvorstellungen, verabsäumen das „*Jetzt*" und merken erst viel später, dass sich die „*Wenn-Dann*"-Projektionen nicht so entwickeln, wie sie hätten sollen. Es ist so ähnlich wie wenn Sie auf Ihrem Sterbebett liegen – es kann schon zu spät sein, aber das, was andere über Sie denken, ist bereits weit von Ihrem Verstand entfernt. Furcht und Ärger aufgrund von Versäumnissen sind häufig bei sterbenden Menschen zu vernehmen, so auch dieses „*Wenn-Dann*". Schieben Sie deshalb Ihre Träume nicht auf und setzen Sie Ihre Ziele und Ihre Wünsche um, denn der beste Zeitpunkt ist immer: „*Jetzt!*" So hilft es Ihnen, sich vorzunehmen, die Anzahl der Dinge zu minimieren, welche Sie bereuen würden. Wenn Sie mit

60, 70 oder 80 Jahren bereuen würden, ein Vorhaben versucht zu haben (mitunter etwas was vielleicht eine „*große Sache*" werden könnte), so sollten Sie dieses auch umsetzen. Zu wissen etwas nicht zu bereuen, wenn Sie auch versagen würden, aber auch zu wissen, dass Sie es möglicherweise bereuen würden, es jemals versucht zu haben, ist eine gute Basis dafür, Dinge in ferner Zukunft nicht zu bereuen.

Sicherlich ist es nicht leicht im Vorfeld zu wissen, was Sie denn einmal bereuen würden, da wir häufig nicht einmal selbst wissen, warum wir in einer Weise handeln wie wir nun mal handeln (oder auch Vorhaben nicht umsetzen oder Dinge unterlassen). Bei unseren Mitmenschen hingegen sind wir uns jedoch immer absolut sicher, deren Motive, Hinter- und Beweggründe zu kennen. Wir reagieren gereizt, da wir anderen Mutmaßungen anlasten, ohne konkret zu wissen, warum Mitmenschen bestimmte Dinge so tun, wie sie diese nun mal erledigen. *Also*: Nehmen Sie harsche und verletzende Worte und Handlungen nicht persönlich – denn Sie wissen nicht wirklich, was dahintersteckt. Halten Sie inne und fragen Sie sich: Was muss ihm denn Böses widerfahren sein, dass er auf mich so reagiert?

Wenn Sie stets Ihr Augenmerk nur auf das richten, was schlecht und negativ behaftet ist, was oder wer Ihnen nicht wohl bekommen ist, dann werden wir dies mit ziemlicher Sicherheit auch finden, aber übersehen all das Positive um uns herum und die „*Blumen*" auf unseren Wegen. Und sollten Sie wirklich einmal nicht mehr weiterwissen und Ihre Lage so misslich sein, dass Sie starke Zweifel an sich und der Welt haben, so „*spulen*" sie gedanklich einfach vor und wenden Sie sich danach wieder Ihrem gewohnten Tun zu. In einem Jahr bzw. 365 Tagen werden Sie ohnehin kaum mehr Gedanken oder Erinnerungen daran verschwenden – entweder weil sich die Dinge ohnehin geklärt haben oder aber Sie haben gelernt, damit zurechtzukommen.

Wege um (un-)glücklich zu werden

Der Zufall ist das Pseudonym, das der liebe Gott wählt, wenn er inkognito bleiben will.

– Albert Schweitzer

So wie es viele Wege zum Unglücklichsein gibt, gibt es ebenso viele um glücklich zu sein. Beide sollen näher beleuchtet werden, da das Leben nun einmal kostbar, zerbrechlich und unberechenbar ist. Jeder Tag ist ein Geschenk, deshalb sollten die Menschen aufhören, sich so viele Gedanken über die bedeutungslosen und kleinen Strapazen des Lebens zu machen. Es gilt sich vielmehr in Erinnerung zu rufen, dass uns allen früher oder später das gleiche Schicksal ereilt. Also sollten wir alles tun, was wir können, damit sich unsere Zeit mit viel Liebe und Glück ausfüllt, sodass sie sich großartig anfühlt. In den Momenten, in welchen Sie über unbedeutende Dinge klagen (etwas, das uns immer erst dann auffällt, wenn wir wahre Probleme haben), denken Sie einfach an jemanden, der mit wirklichen Schwierigkeiten zu kämpfen hat. Das hilft

Ihnen dankbar für Ihr kleines Problem zu sein, einfacher darüber hinwegzukommen und Sie beeinflussen andere Menschen damit nicht negativ. Sie stecken vielleicht im Stau, können aufgrund Ihres Kleinkindes schlecht schlafen, sind zu groß, zu klein, zu dick, zu dünn oder was auch immer – wenn es wirklich ernst wird und Sie an der Reihe sind, zählt das alles nicht. Seien Sie deshalb dankbar für jeden Tag, an dem Sie keine Schmerzen oder andere Einschränkungen haben. Aber auch die Tage, an denen Sie sich mit Husten, einem verstauchten Knöchel oder sonstigen Beschwerden unwohl fühlen, können Sie als mühselig akzeptieren, jedoch gleichzeitig dankbar sein, dass sie nicht lebensbedrohlich oder gar tödlich verlaufend sind.

Deshalb am besten weniger jammern und mehr einander helfen. Es ist wahr, dass Sie dann mehr Glück empfinden, wenn Sie mehr Dinge für andere tun, als für sich selbst. Jemandem zum Geburtstag gratulieren, aufrichtige Wertschätzung vermitteln oder ein einfühlsames Kompliment führt nicht nur bei Ihrem Gegenüber zu Dankesworten und positiven Empfindungen, sondern dies gibt auch Ihnen ein gutes Gefühl – einfach nur, weil Sie für einen anderen Menschen etwas tun und das muss erst gar nicht viel sein. Es gehört zu den ureigensten Naturgesetzen: Je mehr Sie geben, desto mehr bekommen Sie auch. Es ist wie wenn Sie jemanden anlächeln – er wird auch Sie anlächeln. Glück gleicht einem Bumerang, einmal weggegeben kommt es unweigerlich auf mitunter auch unverhoffte Art und Weise wieder zurück. Für Menschen ist es häufig eigenartig zu wissen, dass das wonach sie streben (beispielsweise Glück), einfach zu erhalten ist und sie noch mehr davon bekommen, indem sie es aus freien Stücken verschenken. Es gibt kein größeres Glück, als anderen Mitmenschen Freude zu schenken und ihnen helfen zu können. Um Freude und Glück selbst zu erfahren, brauchen Sie beides ganz einfach nur anderen Menschen zu schenken. Das hat den angenehmen Nebeneffekt, dass es von den eigenen Sorgen ablenkt. Es kann Ihnen ebenso ein besseres Gefühl geben, lieber Ihren Freunden etwas zu kaufen, anstatt selbst Schmuck, Mode und andere Accessoires Ihr Eigen zu nennen. Freunde, Verwandte und Bekannte zum Kochen oder Essen einladen, ihnen Blumen oder eine Kerze geben und ihnen sagen, was sie Ihnen bedeuten, wenn Sie es ihnen schenken, wird auch Ihnen schöne und glückliche Momente bescheren. Viele Zeitgenossen mögen aus Scham und anderen „*Hirngespinsten*" davor zurückschrecken anderen Menschen etwas zu geben oder zu helfen. Sagen Sie sich einfach, dass rund 8 Milliarden Menschen auf dem Planeten Erde leben. Wenn ein paar Ihrer Zeitgenossen Sie aufgrund Ihres gewählten Verhaltens nicht akzeptieren, bedeutet das getrost nicht, dass Sie einsam und verlassen auf dieser Welt dahin schwelgen werden. Leider handelt das Verschenken häufig von materialistischen Dingen und dem Druck des Einkaufens. Aber es reicht bereits sich die Mühe zu machen, etwas Nettes füreinander zu schreiben. Worte und einfach geschriebene Karten bedeuten mehr als jedes impulsive „*Kaufgelage*" (wenn Sie keine Grußkarte haben, dann basteln Sie sich eben eine; ein Stück Papier, wenn auch aus dem Papierkorb, kann da schon seinen Zweck erfüllen; Geschenke müssen nicht teuer sein). Wohlgemerkt wird ein kleines Kind dafür weniger Verständnis aufbringen, dennoch soll es bedeuten, dass „*bestechende*" Geschenke für sinnvolle Festivitäten nicht nötig sind.

Das Streben nach Glück ist so alt wie die moderne Zivilisation. *Bücher, Elixiere, Religionen* und *Philosophien* widmen sich diesem Thema. Glück ist eine Suche, eine Besessenheit und ein universelles Streben, das die Menschheit seit jeher verfolgt. Dabei reichen schon ein paar kleine allgemeine positive Lebenseinstellungen und Verhaltensweisen, wie früh aufzustehen und dem Vogelgezwitscher zu lauschen oder den Sonnenauf- oder -untergang zu beobachten, um seinem Glücksempfinden nachzuhelfen. Für den einen mag das Hören bzw. Machen von Musik Therapie sein, für den anderen wieder das Kuscheln mit einem Hund. Zwischenmenschliche Beziehungen, das Reden mit Freunden, die Natur und frische Luft tun uns dessen ungeachtet zumeist allen gut. Sagen Sie jedoch „*Nein!*" zu Dingen, die Sie wirklich nicht tun wollen. Tun Sie deshalb vielmehr, was Sie glücklich macht. Reisen Sie, wenn es denn Ihr Wunsch ist, lassen Sie es, wenn es nicht Ihr Wunsch ist. Und essen Sie die Torte oder den Kuchen ohne Schuldgefühle zu verspüren. Fühlen Sie sich allerdings nicht unter Druck gesetzt das zu tun, was andere Zeitgenossen für ein glückliches, erfülltes Leben halten. Vielleicht möchten Sie ein bescheidenes, weniger aufregendes oder mittelmäßiges Leben und das ist auch in Ordnung so.

All das ist jedoch vollkommen unbedeutend, wenn Sie das Leben als Gesamtheit einzelner erlebter Momente betrachten. Nur eines nicht: Ihre Mitmenschen und Liebsten. Erzählen Sie ihnen deshalb, dass Sie sie lieben, wenn Sie die Chance dazu haben und lieben Sie sie mit allem, was Sie haben. Wie oft hört man Menschen, welche sich über die schreckliche Arbeit oder die unzumutbaren Kollegen beklagen, oder wie schwer es ist sich zum Sport zu überwinden – dabei könnten wir ebenso dankbar sein, dass wir gesundheitlich und körperlich dazu überhaupt in der Lage sind. Körperliche Aktivitäten, Beruf und all die anderen trivialen Dinge mögen selbstverständlich klingen, bis der Tag kommt, an dem wir erinnert werden, nicht mehr so zu können, wie wir können wollen. Zu versuchen ein gesundes Leben zu führen, seinen Körper und geistigseelischen Zustand zu schätzen wissen, das mag in Ordnung sein – jedoch soll man es auch nicht übertreiben. Der funktionierende physische Körper ist das eine, aber nicht zu vergessen an seinem geistigen und emotionalen Glück zu arbeiten das andere. So können medial aufbereitete Versuchungen und Schönheitsideale einfacher und schneller in Vergessenheit geraten. Nicht zuletzt tragen die heutigen sozialen Medien dazu bei, sich schlecht zu fühlen. Denken Sie ebenso daran, was auch immer Sie betrübt oder unglücklich macht, Sie haben die Kraft es zu ändern. Sei dies in der Liebe, in Ihrem Beruf oder wo auch immer Sie mit Herausforderungen umzugehen haben. Der Mut zur Veränderung ist gerade deshalb so wichtig, da wir nicht wissen, wie viel Zeit uns noch gegeben ist und diese daher nicht mit etwas verschwenden sollten, das uns unglücklich macht.

Wenn wir uns so umsehen, ist zumeist vom Glück die Rede, aber was braucht es, um unglücklich zu sein? In mancher Hinsicht ist dies einfacher als das Glück selbst finden zu wollen. Die Praxis und viel Lebenserfahrung bieten ein *einfaches Rezept* für *echte Unzufriedenheit*: *(I)* So brauchen Sie sich lediglich mit anderen zu *vergleichen*. Die Liebe zum Vergleich ist die Wurzel vielen Elends. Beurteilen Sie Ihren Erfolg oder Wert daher anhand anderer Personen, insbesondere derer mit einem anderen Hintergrund als Sie. Tun Sie dies kontinuierlich und suchen Sie immer nach einem neuen Konkurrenten, in dem Ihr ideales Unglück steckt. *(II)* Haben Sie *keine Freude* an Ihrer *Reise* durch das Leben. Konzentrieren Sie sich nur auf das Ziel, ohne die Fahrt dorthin zu schätzen. Feiern Sie keine kleinen Erfolge und vergessen Sie, darüber nachzudenken, wie weit Sie gekommen sind. *(III)* Weigern Sie sich, sich selbst *herauszufordern*. Nehmen Sie es ohne wenn und aber hin und kommen Sie zu einer Routine. Glauben Sie, dass jeder Stress schlecht ist und versuchen Sie, sich keine Ziele oder sonst etwas zu setzen. *(IV) Jammern* und beschweren Sie sich bei jedem der zuhört. Erklären Sie, wie ungerecht die Welt ist und wie Sie die Dinge anders machen würden, wenn Sie das Sagen hätten.

Auch wenn sich die Menschen dieser unglücklichen Verhaltensweisen bewusst sind, so ist das nicht alles und beantwortet nicht gänzlich, warum sie so unzufrieden mit sich selbst sind. Menschen fragen folglich nach weiteren

Gründen, welche für ihr Unglück verantwortlich sind. Dabei vergessen sie, dass es wichtig ist ein liebevolles, lebendiges und ehrliches Verhältnis zu sich selbst herzustellen. Wenn Sie dies verabsäumen, werden Sie Gründe für Unglücklichsein kaum identifizieren und sich einsam, im Stich gelassen und missverstanden fühlen. Menschen denken zumeist kaum liebevoll über sich selbst, da wir in einem Umfeld groß geworden sind, wo es galt, sich selbst zu kritisieren oder niederzumachen – sprich nicht gut genug zu sein. Durch diese innerliche Ablehnung, und in weiterer Folge Zerrissenheit, kommen Unfrieden, Unordnung, Wut, Zorn, Groll, Angst, Schuld- und Minderwertigkeitsgefühle und andere negative Emotionen in uns hoch. Die folgenden negativen Gedanken sollen Ihnen zeigen, wie unser Denken dazu beiträgt, uns selbst nicht zu lieben. Menschen, welche kein aufrichtiges und liebevolles Verhältnis gegenüber sich selbst aufbauen, dürfen dann nicht erwarten, dass andere sie lieben können. Daran kommen wir schlichtweg nicht herum und es zeigt sich, dass nicht wertschätzende und nicht liebevolle Gedanken dazu führen, dass Erwartungen sich nicht erfüllen, sondern vielmehr Enttäuschungen daraus resultieren. Prüfen und denken Sie die folgenden negativen Gedanken durch und überlegen Sie, ob Sie damit bereits Ihre Erfahrungen gemacht haben:

- Ich kann mit anderen nicht mithalten.
- Ich habe mich selbst nicht gern.
- Ich bin nicht schön genug.

- Ich bin nicht klug.
- Ich bin erfolglos.
- Meine Leistungen sind unzureichend.
- Meine Leistung ist nicht zufriedenstellend.
- Was sollen andere davon halten.
- Ich bin nicht wertschätzend.
- Ich bin viel zu unordentlich.
- Ich bin eine Zumutung für andere.
- Ich bin zu große Risiken eingegangen.
- Ich hätte das nicht tun sollen.
- Ich habe unnötige Fehler gemacht.
- Ich habe mich zu wenig angestrengt.
- Ich sollte mehr erreicht haben.
- Ich bin nicht gut genug.
- Ich muss mehr für meinen Körper tun.
- Ich bin zu dick.
- Ich bin zu dünn.
- Ich muss abnehmen.
- Ich muss zunehmen.
- Meine Ansichten passen nicht in das Bild anderer Menschen.
- Ich sollte mich schämen.
- Ich bin mir nicht sicher.

Diese negativen Einstellungen und Gedanken gegenüber uns selbst führen zu einem abwertenden Denken und prägen unsere innere (zerrissene) Beziehung. Unausweichlich nehmen unsere Mitmenschen unser (negatives)

Denken über uns selbst wahr bzw. „*hören*" es, auch wenn wir nicht mit ihnen darüber sprechen. Unser Wesen und unsere Ausstrahlung sind als Spiegel geistiger und seelischer Vorgänge zu verstehen und als Möglichkeit, die Empfindungen und Einstellungen des anderen „*abzulesen*" – und das tun wir, wenngleich auch unbewusst. So *hören* unsere Zeitgenossen diese (negativen) Gedanken, auch wenn wir diese ihnen gegenüber nicht aktiv kommunizieren.

Diese glücklichen bzw. weniger glücklichen Wege zeigen, dass Glück mehr erfordert als markante Zitate oder ein gutes Musikverständnis (ganz allgemein ist es nicht möglich, Musik als solche verstehen zu wollen; so verhält es sich auch mit dem Glück). Unglück hingegen lässt sich besser skizzieren und ist ziemlich einfach zu erreichen.

Leben um nichts zu bereuen

Keine Zukunft vermag gut zu machen, was du in der Gegenwart versäumst.

– Albert Schweitzer

Wie möchten Sie Ihren Liebsten, Ihrer Familie, Freunden, Bekannten und Verwandten in Erinnerung bleiben? Als jemand mit viel Besitz oder jemand der anderen zur Seite steht? Es zählt gar nicht so sehr, *wie lange* wir leben, sondern auf welche Weise wir den Weg durch unser Leben beschreiten. Genießen Sie jeden Tag Ihres Lebens, denn es ist kostbar und nehmen Sie sich und Ihr Leben dabei nicht zu ernst. Auf die Frage: „*Wie hätten Sie Ihr*

Leben anders gelebt, wenn Sie eine neuerliche Chance gehabt hätten?" antwortete eine 85-jährige Dame, *Nadine Stair*, die auf Ihr Leben zurückblickte mit diesen poetischen Worten:

Wenn ich mein Leben noch einmal von vorne beginnen könnte, dann würde ich beim nächsten Mal riskieren, mehr Fehler zu machen. Ich würde die Reise entspannter, flexibler und unbekümmerter antreten. Ich würde weniger Dinge ernst nehmen. Ich würde mehr Chancen ergreifen, mehr Reisen unternehmen, mehr Berge besteigen und mehr Flüsse durchschwimmen. Ich würde mehr Eis essen und weniger Bohnen. Ich hätte vielleicht mehr echte Probleme, aber weniger eingebildete. Sie sehen, ich gehöre zu jenen Menschen, die vernünftig und besonnen sind, Stunde um Stunde, Tag um Tag.
Oh, in meinem Leben gab es auch Augenblicke, die zählten. Wenn ich nochmals von vorne anfangen könnte, dann hätte ich gerne mehr davon. Ich würde sogar versuchen, nichts anderes zu erleben – nur Augenblicke, einen nach dem anderen, statt jeden Tag so viele Jahre im Voraus zu leben. Ich gehöre zu den Leuten, die nirgendwo hingehen ohne Thermometer, Wärmeflasche, Regenmantel und Fallschirm. Wenn ich noch einmal die Wahl hätte, dann würde ich mit leichterem Gebäck reisen.
Wenn ich mein Leben noch einmal von vorne beginnen könnte, dann würde ich im Frühling früher Barfuß gehen und im Herbst erst später die Schuhe hervorholen. Ich würde mehr Tanzveranstaltungen besuchen, mit mehr Karussells fahren, mehr Gänseblümchen pflücken.

Ich habe viele Jahre im sozialen Bereich mit kranken und sterbenden Menschen gearbeitet. Dabei erfuhr ich unglaublich viel über diese Patienten und das Leben. Menschen wachsen sehr, wenn sie mit ihren eigenen Schwächen und ihrer Endlichkeit konfrontiert sind und ich habe gelernt, die Wachstumsfähigkeit eines Menschen nie zu unterschätzen. Bei der Frage nach dem Bedauern oder allem, was sie anders machen würden, tauchten immer wieder gemeinsame Themen auf.

So zum Beispiel, dass sich diese Menschen wünschten, den Mut gehabt zu haben, Ihre <u>Gefühle auszudrücken</u>.
Viele Menschen unterdrückten ihre Gefühle, um mit anderen Frieden zu halten. Infolgedessen entschieden sie sich für eine mittelmäßige Existenz und wurden nie zu dem, wozu sie wirklich fähig gewesen wären. Viele entwickelten Krankheiten im Zusammenhang mit der Bitterkeit, der inneren Zerrissenheit und dem Groll, den sie infolgedessen forttrugen. Wir können die Reaktionen anderer nicht kontrollieren und wir wissen nicht wie die Leute anfänglich darauf reagieren werden. Wenn Sie Ihre Art zu sprechen ändern, indem Sie ehrlich und aufrichtig Ihre Emotionen kommunizieren, erhöht dies letztendlich die Beziehung auf ein ganz neues und gesünderes Niveau. Entweder das oder es befreit die ungesunde Beziehung aus Ihrem Leben. In jedem Fall gewinnen Sie.

Ebenso bereuen diese Menschen, den <u>Kontakt mit ihren Freunden verloren zu haben.</u> Oft erkannten sie erst in den letzten Tagen und Wochen den vollen Nutzen alter Freunde und es war nicht immer möglich, sie aufzuspüren. Viele waren so sehr in ihr eigenes Leben verwickelt, dass sie im Laufe der Jahre innige Freundschaften verloren hatten. Es gab viel tiefes Bedauern darüber, Freundschaften nicht die Zeit und Mühe gegeben zu haben, die sie verdient hätten. Jeder Mensch vermisst seine Freunde, wenn er stirbt. Es ist nicht unüblich, dass jemand mit einem geschäftigen Lebensstil Freundschaften fallen lässt. Aber wenn Sie vor Ihrem nahenden Tod stehen, fallen die physischen Details des Lebens weg. Die Leute wollen, wenn möglich, ihre finanziellen Angelegenheiten in Ordnung bringen. Aber es sind nicht Geld oder Status, die für sie die wahre Bedeutung haben. Sie wollen vielmehr die Dinge zum Wohle derer in Ordnung bringen, die sie lieben. Normalerweise sind sie dann jedoch zu krank und müde, um diese Aufgabe jemals zu bewältigen. Am Ende kommt es auf Liebe und bedeutende zwischenmenschliche Beziehungen an. Das ist alles, was in den letzten Wochen übrigbleibt, nämlich Liebe und zwischenmenschliche Beziehungen.

Diese Menschen hätten ebenso viel früher darauf geachtet, <u>sich selbst viel glücklicher zu machen</u>. Viele erkannten bis zum Ende nicht, dass Glück eine Wahl ist. Sie waren in alten Mustern und Gewohnheiten gefangen geblieben. Die allgegenwärtige Vertrautheit floss in den „*Venen*" ihrer Emotionen sowie in ihr physisches Leben ein. Aus Angst vor Veränderungen gaben sie anderen und sich selbst vor zufrieden zu sein. Wenn sie jedoch tief in sich waren, sehnten sie sich danach, in richtiger „*geistiger*

Armut" zu verfallen, Albernheiten in ihr Leben zu lassen und viel zu lächeln.

Wenn es zu Dingen wie der Arbeit kommt, gibt es jene Menschen, welche das Leben genießen oder diejenigen, welche etwas erreichen wollen. *Wenn das Ende naht, wünschen sich viele Menschen, sie hätten <u>nicht so hart gearbeitet</u>.* Die eigene Jugend oder die Ihrer Kinder kann man nicht mehr wiederholen. Kinder haben auch nur die eine Elternschaft und wenn Vater und Mutter wenig Zeit haben, vermissen Kinder das. Da die meisten Menschen aus einer älteren Generation stammten, waren viele der Frauen nicht mit dem Arbeitsleben beschäftigt und keine Ernährerinnen gewesen – ein Umstand der sich über die Jahre änderte. Männer bedauern jedoch zutiefst, so viel Zeit ihres Lebens auf dem Laufband des Arbeitslebens verbracht zu haben. Wenn Sie mehr Raum für Ihr Leben schaffen, werden Sie glücklicher und offener für neue Möglichkeiten, die besser zu Ihrem gewünschten Lebensstil passen.

Den Mut zu haben, <u>sich im Leben selbst treu zu sein</u> und sich nicht einem Leben hinzugeben, das andere von ihnen erwartet haben – auch das hört man von Menschen, die ihren letzten Weg beschreiten. Wenn Menschen erfassen, dass sich ihr Leben dem Ende zuneigt und klar darauf zurückblicken, ist es leicht zu erkennen, wie viele ihrer Träume unerfüllt geblieben sind. Die meisten Menschen hatten kaum die Hälfte ihrer Ziele und Träume verwirklicht, als sie im Sterben lagen. Sie wussten, dass dies auf Entscheidungen zurückzuführen war, die sie selbst getroffen oder nicht getroffen hatten. Es ist wichtig, zumindest einige Ihrer Träume auf Ihrem Weg oder auch im Rückblick zu ehren – niemand kann sich alle seine Träume erfüllen. Halten Sie sich jedoch immer vor Augen: Ab dem Moment, in dem Sie Ihre Gesundheit verlieren, ist es zu spät. Gesundheit schenkt eine Freiheit, die nur wenige rechtzeitig erkennen – bis sie verloren ist. Setzen Sie sich Ziele, haben Sie Träume und streben Sie das an, was Sie wirklich wollen – aber genießen Sie auch mit einer Gelassenheit, welche Ihnen das Leben erleichtert. Denn an Ihrem *Sterbebett* ist das, was andere über Sie denken, weit von Ihnen entfernt – es zählte damals nicht und nun noch viel weniger. Dennoch existiert so etwas wie *Karma*. Das Prinzip von *Ursache* und *Wirkung* (= Karma) bezieht sich auf Absichten und Handlungen eines Individuums (*Ursache*), welche die Zukunft dieses Individuums (*Wirkung*) beeinflussen. Gute Absichten und gute Taten tragen zu einem guten Karma und glücklichen Leben bei, während schlechte Absichten und schlechte Taten zu einem schlechten Karma und schlechten Leben beitragen. Es tritt vielleicht nicht so augenblicklich ein, wie es sich so mancher vorstellen mag, aber es passiert. Es kann lange dauern, ist möglicherweise nicht leicht zu erkennen und mitunter nur für Sie, den Betroffenen sichtbar, aber es ist real.

Generell bedeutet Besitz weniger, wenn Sie älter werden und das ist auch gut so, denn Sie können diesen ohnehin nicht mitnehmen. Darüber hinaus entwickelt sich unsere Gesellschaft zunehmend zu einer, in welcher wir auf Besitztümer nicht zwingend angewiesen sind. Eine Gemeinschaft, in der Sie Fahrten, private Unterkünfte und viele andere Dinge mieten können. Erfahrungen, Freude, Freunde und Erinnerungen bedeuten jedoch immer mehr. Deshalb machen Sie etwas, das Ihnen Spaß macht, und tun Sie es mit jemand anderem: Motorradfahren, Sport treiben, ein Musikinstrument spielen, sich zum Abendessen verabreden oder auf ein Konzert gehen. Es ist alles besser, wenn man mit einem Begleiter unterwegs ist und dies genießt. Wenn Sie Fotos machen, können Sie auf diese Weise lustige Momente erneut betrachten und ein wenig mehr Glück aus diesen *„herauspressen"*. Seien Sie aber immer *Sie selbst*. Wir sind alle Individuen und das zieht andere an – unsere Einzigartigkeit. Versuchen Sie nicht, jemand anderen zwanghaft nachzuahmen, konzentrieren Sie sich auf Ihre Stärken und steigern Sie diese. Jeder kann nicht alles. Versuchen Sie nicht, Ihr *quadratisches „Ich"* in ein *rundes Loch* zu stecken. Aber Ihr *Dreieck* wird andere ansprechen, wenn Sie es einfach leuchten lassen. Das bedeutet nicht auf Biegen und Brechen Ihren Willen durchzusetzen. Leute wissen es mehr zu schätzen, wenn Sie nett sind, wenngleich Sie manchmal zurückzustoßen haben. Sie können eben nicht allen gefallen. Seien Sie dankbar, dass Sie Ihre Freunde, Familie und Kollegen haben. Es gibt diejenigen, die Sie schätzen würden, aber noch nie getroffen haben. Fokussieren Sie sich auf diese Menschen und darauf sie zu treffen, nicht auf diejenigen, die sich nicht darum kümmern. Denn die Zeit beginnt sich irgendwann in Ihren späten Vierzigern oder Fünfzigern zu beschleunigen. Wenn Sie nicht aufpassen, wenn Sie nicht steuern, werden Sie wahrscheinlich nicht dorthin gelangen, wo Sie hinwollen. *Bildung* und *Lernen* bedeuten auf Ihrem Weg alles und dies ist lebenslang zu tun. Bildung muss sich dabei nicht in der Schule zutragen. Aber zu diesem späten Zeitpunkt können wir verstehen, warum Lesen, Schreiben und Rechnen so wichtig sind. Ja, im Internet-Zeitalter sind Lesen und Schreiben sehr wichtig. Und was Mathe betrifft: Sie können *keinen Deal* machen, ohne die Zahlen zu kennen – und die meisten Menschen wollen zumindest einen *fairen Deal* machen. Lernen beschäftigt Sie lebenslang. Sie bekommen dadurch immer wieder Einsichten und letztendlich sterben Sie dann. Das Leben ist ein Puzzle, bei dem Sie ständig neue Teile erhalten. Und Sie können einige Dinge erst herausfinden, wenn Sie diese neuen Informationen bekommen. Deshalb ist Alter gleich Weisheit und die Jungen mögen ihre Jugend haben, aber die Alten haben das ganze *Glück*.

Wie jeder andere auch, bin ich in meinem Leben immer wieder auf sehr erfolgreiche und auf den ersten Blick außergewöhnliche Menschen gestoßen – auch diese besaßen ein gesundes Maß an Bildung oder eine gewisse Bauernschläue. Blickt man etwas hinter deren Fassade, so sind Sie gewöhnliche Menschen, wie Sie und ich. Sie machen Fehler, setzen sich unnötigen Risiken aus und sagen von sich selbst, weder besonders großartig zu sein, noch über keine Schwächen zu verfügen. Sie gehen auf derselben „Meile" wie wir alle und haben nicht mehr Glück oder mit weniger Problemen zu kämpfen. Diese Menschen haben häufig die komplette Bandbreite von ganz unten bis nach ganz oben und manchmal wieder zurück erlebt. Das *Perfide* an der Sache ist: Je mehr man sich anstrengt, an die Spitze zu kommen, und immer wieder versucht, die nächste Etappe dorthin zu erklimmen, desto geringer ist der Zusatznutzen dort ‚*oben*' – er ist nicht annähernd so hoch, wie viele glauben oder gerne hätten. Es stimmt, wenn man niemals unten ist, kann man auch nie wissen, wie es sich anfühlt oben zu sein. Aber am wichtigsten ist immer noch zu wissen, was mit zusätzlichem Besitz nicht besser wird: Zwischenmenschliche Beziehungen, Schlaf, Liebe, Essen und Trinken, Freundschaften, das Anhören von Musik. Diese Grundlagen werden nicht besser (aber auch nicht schlechter) mit mehr Besitz. Sie müssen wissen, was Sie wollen, denn ein Leben voller Erfolg bedeutet auch beträchtliche Belastungen und erheblich mehr Opfer als „*genussvolle Entspannung*".

Prinzip des Glücks

Willst Du glücklich leben, hasse niemanden und überlasse die Zukunft Gott.
　　　　　　　　　　　　　– Johann Wolfgang von Goethe

Unsere Lebensqualität wird von Faktoren außerhalb unseres Einflusses bestimmt. *Schicksalsschläge*, wie ein schwerer Unfall, gehören dazu, aber lassen sich mit dem richtigen Ansatz besser meistern. Gehen Sie mit leidvollen Ereignissen gut um, so können Sie trotzdem genauso glücklich werden wie andere Menschen, die von betrübenden Schicksalsschlägen verschont bleiben. Meine späteren Jahre waren viel einfacher, weil ich gelernt habe, dankbar für das zu sein, was ich habe und nicht mehr zu beklagen, was ich nicht habe oder nicht kann. Wenn ich *„Danke"* sage, erinnere ich mich an all die segensreichen Dinge, welche mir widerfuhren. Blicke ich auf mein Leben zurück, habe ich viele wichtige Dinge gelernt. Am wichtigsten jedoch sind *(I)* das Loslassen von Sorgen und *(II)* ein Leben voller Optimismus, Humor und Lächeln. Es ist überflüssig, sich um etwas zu sorgen, das noch nicht eingetreten ist – zumal es Ihnen die Konzentration raubt, die Sie für wichtigere Dinge benötigen. Der Grund, warum viele Menschen nicht der Gegenwart die volle Aufmerksamkeit schenken, ist, dass Sie sich über die Vergangenheit den Kopf zerbrechen und sich Sorgen über die Zukunft machen. Für mich persönlich ist eine der wichtigen Lektionen, die ich im Laufe der Jahre gelernt habe, zu wissen, nicht ändern zu können, was passiert ist.

Durch dieses Bewusstsein können Sie das Leben ziemlich sorgenfrei leben und genießen. Wenn ich nichts gegen eine Situation unternehmen kann, so werden Sorgen auch nichts daran ändern. Dazu eine Geschichte, die *Andrew Carnegie's* Leben veränderte. Sie handelt von einem alten Mann, der ein Leben mit vielen tragischen Ereignissen geführt hatte. Die Leute in der Stadt hatten Mitleid mit ihm, aber der alte Mann sagte: *„Ja, meine Freunde, alles, was Sie sagen, ist wahr. Ich hatte ein langes Leben voller Probleme. Aber es gibt eine merkwürdige Tatsache an ihnen –* <u>neun Zehntel</u> *von ihnen sind nie passiert."* Carnegie hat aus dieser Geschichte gelernt, dass die meisten Probleme und Hirngespinste, wie *„Was-wäre-wenn"*, die wir uns vorstellen, fast nie eintreten. Unser Gehirn hat die Tendenz, sich *Worst-Case*-Szenarien auszudenken und entsprechend zu handeln – doch die meisten davon passieren nahezu nie. Und selbst wenn sie auftreten, sind sie zumeist nicht so schlimm, wie wir es uns vorstellen. Indem sich *Carnegie* an die *„Neun-Zehntel"*-Regel erinnerte, befreite er sich von der Angst des Unbekannten und konnte das Risiko eingehen, das er brauchte, um seinen Lebensweg fortlaufend zu beschreiten. Seien Sie ehrlich zu sich selbst: Lassen Sie sich auf dieses *„Was-wäre-wenn"* ein? Wäre Ihr Leben besser, wenn Sie die *„Neun-Zehntel"*-Regel befolgen und sich daran erinnern würden, dass die meisten dieser Probleme tatsächlich nicht eintreten werden? Es würde Ihnen helfen mehr im Augenblick zu leben – einen Augenblick gefolgt von einem anderen Augenblick – und keinen Platz für die Angst vor der Zukunft oder das

Bedauern über die Vergangenheit zu lassen. So zu leben ist eine der besten Einstellungen, um Sorgen und Ängste hinter sich zu lassen. Humor hilft dabei. Einer der wichtigsten Aspekte des Lebens ist die Fähigkeit, Ärger zu verlieren und durch das Leben zu lachen. Ein Leben mit Optimismus, Humor und Lächeln führt zu mehr Lebensfreude, Glücksgefühlen und mindert Stress. Generell ist Humor eines der einfachsten Mittel des Lebens, um leichter durch die Welt zu gehen und um alltägliche Schwierigkeiten besser zu bewältigen. Das Leben durch eine Linse der Bestimmtheit mit etwas Heiterkeit zu sehen, ist viel mehr wert, als einige Besitztümer mehr anzuhäufen. Lachen hilft darüber hinaus uns besser zu konzentrieren, aufmerksamer zu sein und mit Problemen besser zurechtzukommen. Wenn man immer auf der Suche nach der sonderbaren, lustigen Perspektive ist, so wird Ihnen diese auch zuteilwerden. Sagen Sie sich nicht: *„Was ist jetzt schon wieder Schlimmes passiert?"*, sondern besser *„Was ist die lustige Perspektive an dieser Sache?"*. Menschen sollten wissen, dass dies kultiviert werden kann. Der Geist kann wie der Körper aus dem *Schatten* in den *Sonnenschein* versetzt werden. Und das hilft nicht nur in zwischenmenschlichen Beziehungen, sondern kann Sie auch beruflich weiterbringen. Indem Sie kein düsteres Bild der Sache zeichnen und sich nicht von negativen Dingen belasten lassen, können Sie sich weiterhin auf das Positive konzentrieren, sich schneller von Fehlern und Risiken erholen und Chancen erkennen, bei denen andere Menschen nicht wussten, dass sie existieren. Gerade weil optimistische, humorvolle und lächelnde Menschen um ihren wahren Stellenwert wissen, nehmen sie sich selbst nicht so wichtig und die Dinge mit Humor. Sie können über sich selbst lachen und andere zum Lachen bringen, weil sie dem Ernst des Lebens stets auch eine lustige Seite abgewinnen. Dabei steigt die Glaubwürdigkeit in dem Maß, in dem man über sich selbst spottet. *Albert Einstein* hat das so ausgedrückt: Wer über sich selbst lachen kann, wird am ehesten ernst genommen. Worauf ich hinaus will: Nehmen Sie Kleinigkeiten nicht zum Anlass sich aufzuregen und bedenken Sie stets dabei, dass das Leben zumeist aus Kleinigkeiten besteht, welche sich auch in Ihrem Leben ereignen. Das Glück kommt zu denen, die lachen.

Zusammenfassend

Gewonnen hat immer der, der lieben, dulden und verzeihen kann.

– Hermann Hesse

Die ewigen Geheimnisse des Glücks enthalten vielerlei hilfreiche Grundsätze, welche viel Gutes in Ihrem Leben bewirken können. Jedoch eines vorweg: Lassen Sie es sein, wenn Sie mit dem, was Sie gelesen haben, nicht einverstanden sind. Jeder Mensch ist anders. Die Welt, in der Sie aufgewachsen sind, wird Ihnen andere Möglichkeiten und Werte bieten als die, in welcher ich großgezogen wurde.

Das ganze Geheimnis vom *Sinn* des Lebens und des Glücks ist folgendes: Es gibt weder *Unglück* noch *Glück* auf dieser Welt. Es gibt lediglich einen *Vergleich* von einem Zustand mit einem anderen Zustand. Nicht mehr und nicht weniger – das ist alles. Nur jene Menschen, welchen großes Unglück widerfahren ist, sind fähig ihr wahres Glück zu empfinden. Dieses Prinzip zieht sich von vorne bis hinten durch unser ganzes Leben. Geben Sie sich selbst auf und Sie werden Ihr Leben retten. Unterwerfen Sie sich dem Tod – dem Tod Ihrer Ambitionen und Wünsche an jedem Tag und dem körperlichen Tod am Ende. Man muss den Tod gewollt haben, nur so kann man erfahren wie schön das Leben ist. Unterwerfen Sie sich mit allen Fasern Ihres Wesens bewusst der Endlichkeit und Sie werden ewiges Leben, Liebe, Glück und Wohlbefinden finden. Halten Sie nichts zurück. Nichts, was Sie nicht dahingegeben haben, wird je wirklich Ihnen gehören. Nicht das Geringste in Ihnen, was nicht gestorben ist, wird je zu anderen wieder zurückkehren. Gehen Sie in Ihrem Inneren auf die Suche nach sich selbst und Sie werden auf die Dauer nur Einsamkeit, Verzweiflung, Auflösung, Verfall und Wut finden. Aber gehen Sie auf die Suche nach anderen Menschen und Sie werden in ihnen finden, was Sie suchen und mit ihnen alles andere noch dazu.

Das hilft Ihnen zu lernen, dankbar für das zu sein, was Sie haben und sich nicht mehr über das zu beklagen, was Ihnen nicht gegeben ist oder Sie nicht tun können. Das Wichtigste, was es zu lernen gilt, ist, Dinge nicht als selbstverständlich zu betrachten. Sie können nicht vollständig auf das vorbereitet sein, was sich in Ihrem Leben zutragen wird, aber Sie können lernen, dass das Leben trotz allem, was Ihnen bereits widerfuhr oder noch geschehen wird, lebenswert ist und Sie können jeden Tag genießen, besonders wegen der kleinen Annehmlichkeiten des Lebens.

Dies zeigt, dass das Leben kurz ist und soll sagen: Nutzen Sie jeden Tag, den Sie bekommen. Diese Formulierung bringt es auf den Punkt, da viele Menschen, welche ihr Leben im Rückblick als lebenswert erachten, die Ansicht vertreten, jeden Tag als Geschenk anzusehen und das Leben auch so zu behandeln. Sie wurden nackt geboren und kehren wieder nackt zurück. Es gibt keinen Grund, Ihrem Herzen nicht zu folgen. Unsere Zeit ist begrenzt, also verschwenden Sie sie nicht damit, das Leben eines anderen zu leben. Lassen Sie sich nicht von Bekenntnissen oder Meinungen anderer bekehren, welche mit den Ergebnissen des Denkens anderer Menschen leben. Der Lärm anderer Auffassungen sollte folglich nicht Ihre eigene innere Stimme übertönen. Ihre eigene innere Stimme ist es letztlich, auf die Sie hören sollten. Und vor allem haben Sie den Mut, Ihrem Herzen und Ihrer Intuition zu folgen – alles andere ist nachgelagert. Sie wissen innerlich bereits, was Sie wirklich vom Leben wollen. Bedenken Sie deshalb immer: *(I) Zeit* ist von wesentlicher Bedeutung und das Kernstück aus dem Ihr Leben *geschnitzt* wird. Leben Sie deshalb, da das Leben in der Tat kurz ist. Es geht nicht darum, durch dieses Wissen ängstlich, bedrückt oder deprimiert zu werden, sondern danach zu handeln und um sicherzustellen, dass Sie *jetzt* wichtige Dinge in Angriff nehmen und tun. Dies wird Ihnen leichter fallen, wenn Sie sich bewusst sind, dass *(II)* Zeit, die für *Sorgen* aufgewendet wird, Zeitverschwendung ist. Hören Sie auf sich Sorgen zu machen oder, wenn Sie es nicht gänzlich lassen können, wenden Sie zumindest weniger Zeit für Ihre Sorgen auf. Wenn Sie Ihr Leben, wie zuvor beschrieben, bewusster leben, so werden Sie immer mehr zum Schluss kommen, dass Sorgen eine gewaltige Verschwendung Ihres kostbaren Lebens sind. Haben Sie *(III) Vertrauen* – in sich selbst und in andere. Ich weiß, jemand der herbe Enttäuschungen erfahren hat, wird dem nicht unbedingt zustimmen, denn die meisten Dinge sind komplizierter und mit dem *Vertrauen* ist das so eine Sache. Vertrauen ist jedoch ein unabdingbarer Bestandteil Ihres Lebens, es ist das, was uns trägt und leicht zerbricht. Gleichwohl agieren Menschen häufig in ihrem eigenen Interesse, auch wenn dies letztendlich nicht zu ihrem Vorteil ist. Ein größerer Teil der Menschen, als Sie mitunter annehmen würden, wird, wenn sie vor der Wahl stehen, mehr für sich selbst einzustreichen oder für andere, meistens sich selbst bevorzugen. Sehen Sie deshalb *(IV)* Glück als eine Wahl und nicht als eine Bedingung an. Glück ist kein Zustand, der auftritt, wenn die Umstände perfekt oder nahezu perfekt sind. Früher oder später müssen Sie eine bewusste Entscheidung treffen, um trotz Herausforderungen und Schwierigkeiten glücklich zu sein. Dabei können Ihnen die unterschiedlichsten Dinge Hilfestellung bieten. Für einen mag Sport zu mehr Glück beitragen, für andere der Glaube oder die Spiritualität. Ein Glaubensleben fördert gemeinhin das Wohlbefinden und die Zugehörigkeit zu einer Religionsgemeinschaft bietet einzigartige Unterstützung in Lebenskrisen. Aber wie Sie damit umgehen, welche Hilfestellungen Sie annehmen und was Sie „*anbeten*", liegt ganz allein bei Ihnen. *(V)* Auch wenn Sie damit liebäugeln Größeres anzustreben und hoch hinaus wollen, denken Sie *klein*. Warum, werden Sie sich fragen. Wenn es darum geht, das Beste aus Ihrem Leben zu machen, sollten Sie tatsächlich dies ins Auge fassen – klein zu denken. Stellen Sie sich auf einfache, tägliche Freuden ein und lernen Sie, das *Jetzt* zu genießen. Das wird Ihnen allgemein mehr *Freude* bereiten und so helfen, besser über Krisen hinwegzukommen. Reservieren Sie dabei täglich eine bestimmte Zeit, um über die jeweilige Krise nachzudenken und darüber zu reden. Für den Rest des Tages denken und reden Sie nicht über Ihre Krise.

Ihre Abend- und Nachtstunden sollten Sie nicht dazu reservieren, um sich mit Problemen zu befassen, da Sie dann keinen ruhigen Schlaf haben werden. Gebieten Sie Ihren Problemen nicht Einhalt, so zerrt dies langsam aber doch Ihre Kräfte auf und Sie sind in einer Negativspirale gefangen, welcher Sie nicht mehr so einfach entkommen.
Zu *Freude* gehört auch Freundschaft – *soziale Beziehungen.* Wie viele Menschen wünschen sich wohl auf dem Sterbebett, dass sie mehr Zeit im Büro oder vor dem Fernseher verbracht hätten? Die Antwort kann nur lauten: kein Einziger! Sterbende denken an die Menschen, die sie lieben, an ihre Familien und an diejenigen, denen sie Dienste erwiesen haben. Es soll nicht heißen, dass materielle Dinge, wie Ihr Eigenheim oder andere Sachwerte gänzlich zu verurteilen sind. Vielmehr haben jeder einzelne, unsere Mitmenschen, der Nächste und soziale, zwischenmenschliche Beziehungen im Mittelpunkt zu stehen. Es zeigt sich, dass das regelmäßige Zusammenkommen mit guten Freunden der Gesundheit dienlicher ist, als wenn man eine Luxuskarosse sein Eigen nennt. Das soll uns nicht vergessen lassen, unser hart verdientes Geld vor allem in den Ausbau unserer Freundschaften zu stecken und nicht lediglich in materielle Güter. Einer der Bausteine des Glücks sind folglich starke persönliche Beziehungen. Sinnerfüllte zwischenmenschliche Beziehungen machen uns *glücklicher, produktiver* und *gesünder.*
Was bedeutet das für das Leben? Jemand, der stets an seine Grenzen geht und sich sehr hoch hinauswagt, ist auch der, der sehr tief fallen kann. *Extreme Lust* zieht

immer auch *extreme Unlust* nach sich. Um das *wahre Glück* zu finden, empfiehlt sich daher der Weg des *kleinen Glücks*. Von Zeit zu Zeit müssen Menschen *einfach* leben und werden sich so erst dessen bewusst, dass es eine der besten Arten zu leben ist. Daher sollten Sie die Füße immer auf dem Boden behalten und immer daran denken, dass Sie niemals so gut oder schlecht sind, wie Sie oder andere denken, dass Sie es sind.

Indem Sie sich diese Erkenntnis stets vor Augen halten, werden Sie Ihre Sichtweise schärfen und lernen, das Leben klarer zu betrachten. Zweifel werden weichen und Sie werden gestärkt in Ihren Entscheidungen. So finden Sie Ihren Weg und entdecken, wofür es sich lohnt zu leben – für das *Glück*.

Autor

Der Autor war und ist in verschiedenen Berufen tätig – u.a. als Drucktechniker, Betriebswirt, Pädagoge und Publizist. Das Gebiet der Lebenshilfe war ihm immer schon ein Anliegen und er konnte die im Buch erläuterten Grundsätze und Prinzipien im Rahmen seiner Tätigkeiten und Begegnungen mit Mitmenschen fortlaufend anwenden. Die dargelegten Erfahrungen, Lektionen und Ratschläge von Mentoren, Grundsätze und Anekdoten halfen ihm immer wieder im Laufe seines Lebens, deshalb wollte er diese auch den Lesern mitgeben und ihnen viele unnötige Leidenswege und Herzschmerzen ersparen. Darüber hinaus sieht er sich als Freund, der gemeinsam mit seinen Lesern, Seite an Seite den Weg zu mehr Glück, Liebe und Wohlbefinden geht. Er ist Windhag Leistungsstipendiat, Stipendiat der Michael von Zoller-Stiftung, der Karl Seitz- und Julius-Raab-Stiftung. Seit jeher ist er in verschiedenen Freiwilligenorganisationen, im sozialen Bereich und in der Hilfe für den Nächsten engagiert.

www.ingramcontent.com/pod-product-compliance
Lightning Source LLC
Chambersburg PA
CBHW051947160426
43198CB00013B/2333